AI로 경영하라

AI로 경영하라

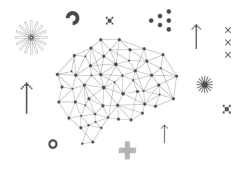

국내 최고 디지털 전략 전문가가 제안하는
인공지능 활용법

이준기 지음

INFLUENTIAL
인 플 루 엔 셜

인공지능 시대,
비즈니스는 어떤 모습인가

2021년 1월 네덜란드 내각이 인공지능Artificial Intelligence, AI 때문에 총사퇴를 단행하는 초유의 사태가 벌어졌다. 사건의 발단은 네덜란드 국세청에서 지난 몇 년 동안 약 2만 6,000명이 아동수당을 부정으로 지급받았음을 의심해 그들을 집중 조사한 것이었다. 세무 조사 결과 약 1만 가구가 수만 유로를 반납해야 했으며, 이로 인해 이혼, 파산, 실직을 맞은 가족이 꽤 있었다.

여기까지만 보면 왜 이것이 내각 총사퇴로 이어졌는지 알 수 없을 것이다. 문제는 그들이 타깃으로 삼은 부정 수급 의심자 명단이 인공지능 알고리즘에 의해 작성되었고, 그 알고리즘에는 국적이 변수로 사용되었다는 점이다. 기존의 데이터에 의존해 만들어진 이 알고리즘은 부정 수급자를 찾아내기 위해 이중국적자를 집중적으로 공략하고 있었다. 이는 인공지능이 가장 효율적으로 과제를 수행하기 위해 머신러닝Machine Learning을 통해 스스로 학습한 결과다.

이같은 사실이 드러난 후 네덜란드에서는 인종 및 이민자 차별 문제, 이중국적자를 잠재적 범죄자로 취급한 문제 등 복합적인 반발이 거세게 일어났다. 결국 네덜란드 법원은 피해를 입은 가구에 보상금을 지급할 것을 정부에게 명령했으며, 내각은 '국민을 적으로 돌린 것'에 대한 사과문 발표와 함께 총사퇴를 하기에 이르렀다. 이는 인공지능의 사용에 있어 우리가 어떠한 프로세스와 원칙을 가져야 하는가를 여실히 보여주는 사례다.

인공지능은 지금 어떤 모습일까

인공지능 솔루션 제공 기업 뷰노는 영상 판독에서 세계적인 경쟁력을 갖고 있는 기업이다. 몇 해 전 뷰노에서 실시한 인공지능과 인간의 대결 실험이 〈미국 방사선학 저널American Journal of Roentgenology〉에 소개되었다. 대결 과제는 손 엑스레이x-ray 사진을 보고 뼈나이Bone age를 맞히는 것.

보통 남자는 17~18세, 여자는 15~16세에 키의 성장이 멈추는데, 이를 기준으로 현재의 뼈나이를 측정해 지금까지의 발육 정도와 이후 성장 가능성을 예측한다. 만약 어떤 아이가 연령에 비해 뼈나이가 더 많다면 앞으로 성장할 여력이 적게 남아서 성인이 되었을 때 평균에 비해 키가 작을 것으로 예측한다.

뼈나이 예측 대결은 인공지능의 승리로 마무리되었다. 최종 예측 결과에서 인공지능의 정확도(여기서는 정확하게 뼈나이를 맞히는 것보다 정확한 뼈나이와 비슷한 정도를 측정하는 일치도를 의미한다)는 69퍼센트로, 전문의의 정확도 63퍼센트 그리고 수련의의 정확도 49.5퍼센트보다 높았다.

하지만 이 대결의 핵심은 지금부터다. 두 번째 실험은 인공지능과의 단순 대결이 아니었다. 연구진은 의사들에게 인공지능 시스템의 판단을 보면서 최종적으로 예측하게 했다. 실험 결과 전문의의 정확도는 72.5퍼센트로, 수련의의 정확도는 57.5퍼센트로 모두 올랐다. 여기에서 우리가 중점적으로 봐야 할 것은 인공지능을 사용했을 때 정확도가 올랐다는 점이 아니다. 그보다는 수련의의 정확도가 어느 정도 달라졌는가를 눈여겨 볼 필요가 있다. 수련의의 정확도는 인공지능 사용 이전보다 오르긴 했지만, 여전히 인공지능이 단독 판독한 69퍼센트의 정확도에는 한참 못 미쳤다(쉽게 말해 그들은 자신들이 배운 것을 다 무시하고 단순하게 인공지능을 따라갔더라도 지금보다 더 나은 결과를 도출할 수 있었을 것이다).

그들은 인공지능이 내놓은 산출물을 현명하게 판독하지 못했다. 즉, 인공지능의 산출물에 대한 잘못된 판단을 더해 나쁜 결과를 만들어낸 것이다. 이는 전문가가 인공지능을 사용해 결과물을 산출할 때 어떻게 하면 최고의 의사결정을 할 수 있는가를 고민하게 한다.

　많은 기업이 채용 프로세스나 마케팅, 혹은 신용평가 등 여러 분야에 인공지능을 활용하고 있다. 대부분의 기업은 인공지능 또는 빅데이터 조직을 신설하고 인원 확충을 고심하는 중이다. 또 기업 내부에 흩어진 데이터를 통합하기 위해 빅데이터 플랫폼 사업 등을 기획하며 많은 투자를 하고 있다. 하지만 이런 투자를 통해 크게 성공했다고 말하는 기업은 소수에 불과하다.

　2019년 실시된 MIT와 보스턴경영컨설팅그룹BCG의 공동 연구에 의하면 경영진의 70퍼센트 이상이 인공지능 투자로 얻은 것이 거의 없다고 대답했다고 한다. 사실 의욕적으로 인공지능을 도입한 기업들 중에는 얻은 것이 거의 없는 수준이 아니라 눈에 띄는 손해를 보고 프로세스를 되돌리는 경우가 많았다.

　2015년, 일본의 헨나 호텔은 '세계 최초의 로봇호텔'로 기네스북에 등재되어 유명세를 떨쳤다. 하지만 인공지능 직원의 오작동과 잦은 고장, 잘못된 웨이크업 콜 응대 등으로 투숙객들의 불만이 극에 달하자, 창업 4년만인 2019년 호텔 곳곳에 배치되었던 243개의 로봇 중 절반을 철수시켰다.

　한때 인공지능의 대명사로 불리던 IBM의 왓슨Watson은 수십만 장의 의료 저널을 며칠 만에 학습하며 전 세계 수십 개 병원에 배치되어 의사를 도와줄 것으로 예측되었다. 하지만 왓슨은 플로리다의 한 전문의가 내뱉은 말처럼 '그냥 쓰레기 수준'으로 전락하고 말았으며 야심 차게 계획을 세웠던 IBM을 나락으로 떨어뜨렸다.

손해보상 이슈로 법정까지 가서 화제가 된 사례도 있다. 홍콩의 한 부동산 재벌이 제기한 소송인데, 인공지능 투자 시스템에 관한 최초의 소송으로 주목을 받았다. 약 3조 원 규모의 펀드를 관리하고 있던 이 부동산 재벌은 한 이탈리아인에게 호주에서 개발된 'K1'이라는 인공지능 자동 투자 시스템을 구입한다. K1은 실시간 뉴스를 분석하고 SNS로 투자자들의 성향을 알아내 자동으로 투자를 결정하는 시스템이었다. 이 시스템에 매료된 그는 K1을 시연해보기를 원했고, 판매자는 백테스트(과거 데이터에 알고리즘을 적용해 결과를 확인해보는 방법)로 높은 수익률을 확인시켜주었다. 1년 안에 두 배의 수익을 거둘 수 있을 거라 확신한 이 부동산 재벌은 이 시스템을 자신의 투자 업무에 도입했다. 결과는 어땠을까?

2017년부터 사용한 이 시스템은 2018년 2월이 되자 하루에 2,000만 달러를 잃게 하는 등 엄청난 손실을 안겨주었다. 결국 그는 판매자를 상대로 2,300만 달러의 소송을 걸었다.

인공지능 투자 시스템이 일반인에게도 보편화되고 있는 추세인 요즘, 이 사건이 우리에게 시사하는 바는 크다. 이런 사건이 발생했을 때 소송 상대는 누구인가(판매자인가, 개발회사인가) 하는 문제를 비롯해 투자 분야에서 인공지능을 어느 정도 도입할 것인가, 도입한다면 구체적인 활용의 범위를 어디까지 규정해야 하는가 등 우리가 직시해야 할 문제는 적지 않다.

인공지능과 어떻게 공존할 것인가

우리가 지금 인공지능이라 부르는 컴퓨터 시스템은 나름의 역사를 지녔고 많은 변곡점을 거쳐왔다. '인공지능'이라는 단어를 인간이 처음 사용한 것은 1956년이고, 인공지능이라 불리는 '규칙 기반 전문가 시스템Rule-based expert system'이 개발되어 사용되기 시작한 것은 1980년대 중반이다. 그리고 다시 30년이 지난 2010년 중반에 와서 '딥러닝Deep Learning'이라는 새로운 인공지능 시스템이 나타났다. 그 과정에서 인공지능에 대한 기대감으로 흥분하기도 했고, 기대에 못 미치는 시스템에 실망해 연구를 포기하기도 했다. 연구에 투입되는 자원마저 고갈되어 '인공지능의 겨울'이라 불리는 힘든 시간도 겪었다.

그리고 지금 우리는 다시 한번 인공지능에 큰 기대를 거는 시대로 들어섰다. 한쪽에서는 인공지능이 우리의 일자리를 위협한다며 경계하고, 한쪽에서는 페이스북 메신저 기반으로 출시된 이루다나 마이크로소프트에서 개발한 테이Tay처럼 성희롱과 인종차별 발언을 하는 챗봇과 마주하고 있다.

그럼에도 많은 이들은 인간과 유사한 인공지능에 적지 않은 기대감을 갖고 있다. 대다수의 기업이 인공지능 스피커를 출시했고 페이스북, 유튜브, 넷플릭스 이용자들은 인공지능이 제시하는 방향으로 일상생활을 즐기고 있다. 의료, 금융, 제조 공정, 유통, 수송과 이동, 전자 제품 등 다양한 분야에서 인공지능은 커다란 잠재력을 발휘하며 거의 모든 프로세스에 적용되고 있다. 이런 추세에 힘입어 기업들은 빅데이터·인공지능 부서를 신설하고 인재 확보에 심혈을 기울이는 중이다.

이 책은 지금의 인공지능에 관해 다룬다. 지금의 인공지능이란 2010년대 중반 이후 다시 부활한 데이터 기반의 인공지능을 말한다. 따라서 이 책에서는 사람의 머릿속에 있는 지식을 컴퓨터에 넣으려 했던 과거의 규칙 기반 인공지능이나, 자의식을 갖고 '특이점Singularity'을 지나 인간의 지능을 앞서는 소위 강한 인공지능을 다루지 않는다.

지금의 인공지능, 즉 데이터 기반의 인공지능은 산업 전반에 걸쳐 커다란 잠재력을 보이고 있다. 하지만 이 인공지능의 잠재력을 구체적으로 어떻게 산업 현장에 적용할 것인가에 대한 논의는 이루어지지 않고 있다. 대부분의 교육은 알고리즘과 데이터 분석에 국한되어 있으며, 연구 방향 역시 인공지능과 인간의 대결에 초점을 맞추고 있다. 하지만 인공지능은 인간의 편리를 위한 도구이며, 앞으로는 인공지능을 어떻게 활용하는가를 이해하는 것이 중요하다.

누가 기계와의 경쟁에서 살아남을까

경제학자 에릭 브린욜프슨Erik Brynjolfsson이 《제2의 기계 시대》라는 책에서 제시했듯이 우리는 인공지능을 비교와 경쟁이 아닌 공존해야 할 존재로 이해해야 한다. 물론 지금의 인공지능도 충분히 우리의 일자리를 위협할 것이고 일하는 방식을 변화시킬 것이다. 경우에 따라서는 우리를 통제할 수도 있다. 하지만 이러한 모든 가능성은, 인공지능이 그러한 '수단'으로 사용될 수 있다는 것을 의미한다. 수단이란 결국은 인간의 의지와 사회적 방향성에 의해 결정된다. 그러므로 우리에게 중요한 것은 그 수단을 우리 스스로 어떻게 사용하느냐다.

"앞으로의 사회는 인공지능을 잘 사용하는 사람과 인공지능보다 못하는 사람으로 나누어질 것이다." 조지메이슨대학 경제학과 타일러 코웬Tyler Cowen 교수가 쓴 《4차 산업혁명 강력한 인간의 시대》에 나오는 문구다(그는 인공지능 대신 컴퓨터라는 말을 썼지만 사실상 같은 의미다). 사실 이 책의 원제는 'Average is over'로, 평균의 시대가 끝났다는 의미다. 이 책에서 그는 인공지능 시대로 접어들면서, 인공지능을 사용해 최고의 성과를 내는 한쪽 끝단의 사람들과 컴퓨터나 인공지능과는 거리가 먼 단순 노동을 하는 다른 쪽 끝단의 사람들만 살아남을 가능성이 크다고 말한다.

그렇다면 단순하고 반복적인 업무와 고도화된 전문적 업무의 중간 정도에 위치하는 업무를 수행하는 사람은 어떨까? 점점 경쟁력을 잃어갈 것이다. 그래서 평균의 시대가 끝나간다는 것이고, 인공지능을 이용하는 능력이 더욱 중요해진다는 뜻이다. 데이비드 오우터David Autor MIT 경제학과 교수가 1970년대부터 진행한 기술과 일자리에 관한 연구에서도 유사한 주장이 제시되었다.[1] 그의 연구는 1980년대 이후 더 교육을 받아 숙련된 사람들이 컴퓨터나 인공지능을 이용해 생산성을 향상시킴으로써 그렇지 않은 계층과 소득격차를 꾸준히 벌려왔으며, 이러한 현상이 가속화되고 있음을 보여준다.

인공지능 시대에 진정으로 배워야 할 것

내가 이 책을 쓰게 된 이유는 크게 두 가지다.

첫 번째는 인공지능 시대의 2막에 대한 논의를 시작해야 한다는 당위를 절감했기 때문이다. 그동안 많은 학생들이 인공지능과 빅데이터의 시대에 맞춰 공부하면서 저변을 넓혀가는 것을 지켜보았다. 기대감도 있지만 그보다는 걱정이 앞섰다.

지금 빅데이터·인공지능을 공부하는 이들에게 데이터 사이언스란 그저 '분석'을 의미하는 것처럼 보인다. 그들은 다양한 분석을 익히며 이 분야를 깊이 공부하고 있다고 자부한다. 산업 현장의 교육 프로그램이나 커리큘럼 역시 마찬가지다. 물론 새로운 알고리즘을 개발하고 배우는 것은 중요하다. 하지만 분석은 향후 우리가 빅데이터나 인공지능을 활용하는 데에 있어 극히 일부분에 지나지 않는다. 더구나 이러한 분석을 배우는 데 들어가는 시간은 많은 툴과 시스템 그리고 자동화 프로세스의 등장으로 점점 표준화되고 있다. 간단하게 말해서 새로운 알고리즘을 개발할 만큼의 수학적 지식과 컴퓨터 활용 능력이 부족한 개인은 단순히 분석하는 것만으로는 차별화된 경쟁우위를 만들 수 없다는 뜻이다.

그렇다면 우리는 무엇을 배워야 할까? 진정으로 배워야 할 것은 빅데이터·인공지능을 통해 어떻게 문제를 해결할 것인가를 이해하는 것이다. 인공지능을 이용해 내가 갖고 있는 분야의 지식을 토대로 가설을 만들고 검증하고 학습해, 다시 새로운 가설을 만들 줄 알아야 한다. 인공지능의 결과를 현명하게 해석해 나의 지식에 접목시키고 새로운 지식을 창출할 수 있어야 한다. 인공지능을 활용해 뼈나이를 측정할 때 수련의들의 정확도가 낮았던 것은 이것에 실패했기 때문이다.

과거에도 문제해결 능력은 중요했지만 인공지능을 이용한 문제해결은 차원이 다르고 그 방식도 다르다. 이 책에서 나는 이 방식을 그리스 신화의 반인반마 현자인 케이론의 이름을 빌려 '케이론 모델'이라 부르려 한다. 간단히 설명해 이것은 지금의 프로 바둑기사들이 인공지능을 사용하는 방식과 같다.

지금 프로기사들은 누군가의 제자가 되어 수련하거나 기보를 보며 토론하고 연구하는 방식에서 벗어나 인공지능을 통한 새로운 문제해결 방식을 택하고 있다. 이제 인공지능 시스템의 도움 없이 옛날 방식을 고수하는 프로기사는 최고가 되기 어렵다. 인공지능을 통해 연구하는 사람의 경쟁력을 따라갈 수 없는 것이다.

이것은 앞서 예로 든 뼈나이 판독에서 알 수 있듯, 아무리 숙련된 전문의일지라도 인공지능의 도움 없이는 어느 정도의 실력만을 유지할 수밖에 없는 것과 같다. 이제 우리는 인공지능과의 협업을 통해 자신의 지식을 향상시키는 사람만이 진정한 경쟁력을 얻는 시대로 들어서고 있다. 인공지능은 우리가 경쟁우위에 설 수 있는 가장 탁월한 무기다.

이 책을 쓰는 두 번째 이유는 인공지능과 빅데이터를 업무에 활용하고자 하는 실무진과 경영진을 위해서다. 인공지능 기술과 분석 방법을 전부 알 필요는 없다. 하지만 인공지능이 무엇이고 기업에 도입할 때 어떻게 경쟁력을 만들 수 있는가에 대해서는 이해할 필요가 있다. 인공지능의 잠재성 그리고 가끔 논란이 되는 잠재적 편견과 위험의 정체를 정확히 이해해야 조직에 맞는 시스템을 만들어 적용할 수 있기 때문이다.

나는 이 책에서 인공지능의 지능이 인간의 지능과 어떻게 다른지, 인공지능은 우리가 지능이라 부르는 것을 어떻게 만들어내는지 살펴볼 것이다. 이를 통해 어떤 경우에 인공지능이 인간을 능가할 정도의 섬뜩한 결과를 보여주고, 또 어떤 경우에 한없이 바보 같은 시스템이 되는지를 설명하고자 한다. 또한 케이론 모델을 이용해 어떻게 하면 조직에 맞는 인공지능 프로세스와 시스템을 만들어갈 수 있는지도 알아볼 것이다.

　인공지능은 어떤 문제에서 인간보다 빠르고 확실한 결과를 보여줄 수 있다. 하지만 그 결과가 정말 가치를 발하는 건 현재의 가치관과 윤리성에 부합하는 경우에 한해서다. 때문에 인간과 인공지능의 협업 프로세스를 분석하여, 어디까지는 인공지능이 해결하고 어디부터는 인간이 해결해야 하는지를 정확히 디자인할 수 있어야 한다. 문제의 성격에 따라 별개의 프로세스를 갖추어야 할 수도 있다. 또 헨나 호텔 사례와 홍콩 재벌 사례에서 보듯 기존 조직이 인공지능을 통제하면서도 그 '새로운 힘'을 제대로 이용할 수 있도록 새로운 시스템을 마련할 필요도 있다.

　여기에 대한 논의는 시작 단계다. 위에서 제시된 문제들을 이 책에서 모두 해결할 수는 없다. 하지만 앞으로 인공지능을 어떻게 활용할 것인지, 인간과 인공지능이 협업하여 최상의 시너지를 내는 방법은 무엇인지를 찾아가는 출발점으로 삼을 수 있을 것이다.

2장 인간을 위협하는 인공지능의 정체

3장 인공지능의 의사결정, 어디까지 믿을 수 있나

4장 AI로 경영하는 사람들

인공지능은 이미 당신의 비즈니스에
많은 영향을 끼치고 있다.
AI 면접관을 채용한 구글부터 로봇과 함께 일하는 자산관리사까지.
21세기의 원유가 된 인공지능과 빅데이터의
지대한 영향력과 긍정적인 변화를 알아보자.

1장

인공지능은
당신의 비즈니스를
어떻게 바꾸는가

비즈니스 패러다임을
바꾸는 인공지능

페이스북에 접속하면 나의 입맛과 취향을 저격하는 글들이 눈에 띈다. 지금까지 내가 읽어온 기사와 글들을 인공지능이 분석해 내가 관심 있어 할 법한 주제들만 모아 보여주는 것이다. 전 세계 모든 사람이 같은 시간에 페이스북에 접속한다 해도 각기 다른 글을 보게 되는 이유다.

이메일은 또 어떤가? 이메일 시스템은 당신에게 전송된 메일을 받은메일함에 넣을지 스팸메일함에 넣을지 자동으로 분류해준다. OTTOver The Top 서비스도 마찬가지다. 당신 취향을 꿰뚫은 듯 추천 영화 목록을 제시한다. 인터넷 사이트를 돌아다닐 때 항상 눈에 띄는 배너 광고 역시 다르지 않다. 내 속을 들여다 본 듯 호기심을 자극하는 카피로 가득하다. 이제 이런 일은 너무 당연해서 놀랍지도 않다.

운전자 햇빛 가리개에도 인공지능을 탑재한다고?

이처럼 오늘날의 인공지능은 우리의 취향과 패턴을 분석해 우리가 가장 원하는 것을 알아서 대령해준다. 이뿐 아니다. 기업들은 기업 운영과 업무 전체 프로세스의 여러 단위에 인공지능을 적용하고 있다. 마케팅 부서에서는 인공지능으로 가장 성공적으로 타기팅할 수 있는 고객을 분석해 프로모션을 집행한다.

공정 최적화나 시스템의 효율화를 위해서도 인공지능은 필수다. 포스코에서는 일찍부터 품질관리와 생산 공정 최적화에 인공지능 시스템을 도입했다. 일례로 기존에는 최종 생산된 후판(두께 6밀리미터 이상의 두꺼운 철판)의 불량 검사를 사람이 직접 했다면, 이제는 인공지능 시스템을 적용해 이미지를 판독한다. 불량이 발견되면 공정 프로세스 분석 인공지능이 역추적해 어떤 공정에서 문제가 발생하고 있는지를 감지해내는 것이다. 이러한 사물인터넷Internet of Things, IoT을 통한 사전감지 장치는 기기 사이의 압력, 진동, 속도, 윤활 상태 등 기기 공정을 분석함으로써 혹시 있을지 모를 공정 장치의 문제점을 사전에 파악하고 해결한다.

* 보쉬는 인공지능을 이용해 운전자의 시야를 방해하지 않으면서 눈 부분만 햇빛으로부터 차단해주는 햇빛 가리개를 출시했다.

출처: Bosch

은행, 통신회사, 홈쇼핑 등에서도 고객 응대를 위한 챗봇 서비스를 도입해 고객 불만과 질문에 대처하고 있다. 이런 인공지능은 특히 단순하고 반복적인 일을 많이 하는데 업무를 효율적으로 처리하기 위해 로보틱 처리 자동화Robotic Process Automation, RPA 기술을 사용한다.

최첨단 제품뿐 아니라 일상에서 흔히 사용하는 제품에도 사물인터넷과 인공지능을 탑재하는 사례가 등장하고 있다. 2020년 세계 최대 규모의 ICT 융합 전시회인 국제전자제품박람회CES에 출품되어 최우수 혁신상을 받은 보쉬Bosch의 '운전자 햇빛 가리개'는 인공지능을 이용해 플라스틱이나 가죽 등으로 운전자의 눈을 가리는 기존의 햇빛 가리개를 획기적으로 개선했다. 기존 가리개는 확실하게 햇빛을 차단하지만 운전자의 시야를 방해한다는 단점이 있다. 인공지능 기반의 햇빛 가리개는 운전자의 눈, 코, 입 위치를 파악한 후 햇빛의 각도를 계산해 눈 부분만 어둡게 처리하는 기술을 구현했다. 기존의 햇빛 가리개가 시야를 방해하는 문제를 근본적으로 해결한 것이다.

구강용품 브랜드 콜게이트CallGate에서 출시한 전동 칫솔은 인공지능으로 칫솔질 패턴을 분석한다. 이 칫솔은 스마트폰과 연동되어 있어 이를 닦을 때 입속 어느 곳을 어떻게 닦는지 파악하여 사용자에게 이상적인 칫솔질에 대한 피드백을 보내준다.

사실 최근 출시되는 세탁기, 냉장고, 공기청정기 등 거의 모든 가전제품에는 인공지능이 탑재되어 있다. 이미 알려져 있듯 공기청정기는 실내 공기질을 모니터링해줄 뿐 아니라 집 안의 공기 오염도를 시간대별로 탐지한다. 스스로 분석한 이런 데이터를 토대로 사용자가 동작 버튼을 누르지 않아도 미리 공기 청정을 하거나 오염도가 높은 곳을 찾아 움직인다. 인공지능이 탑재된 세탁기는 자동으로 빨랫감의 무게와 질감을 분석해 최적의 물 온도와 소요 시간, 세탁 강도를 조절해준다.

데이터 혁명으로 계속 발전하는 딥러닝 기술

일련의 사례를 통해 알 수 있듯 인공지능은 유통, 의료, 금융, 제조, 판매, 광고, 통신, 교육, 헬스케어 등 모든 산업에서 이미 큰 영향을 미치고 있다. 단적인 예로 브랜드 광고를 보면, 한때 톱스타들이 차지했던 모델 자리를 가상 인플루언서들이 빠르게 대체하고 있다. 실제로 거의 모든 기업이 인간을 대신할 버추얼 인플루언서를 모델로 내놓고 있다.

패션업계에서는 딥러닝 변형 기술인 생성적 대립 신경망Generative Adversarial Network, GAN을 이용해 디자인을 선보이고 있는데, 이런 일들이 전 세계적으로 유행처럼 빠르게 번지고 있다. 예를 들어 같은 색상의 옷에 체크무늬를 넣거나 패턴이 다른 두 개의 디자인을 변형된 하나의 모습으로 만들어 완전히 새로운 형태로 만드는 식이다. 세계적인 인공지능 권위자인 앤드류 응Andrew Ng 스탠퍼드대학 교수는 한 인터뷰에서 인공지능을 100년 전 전기의 발명과 비교하며 이렇게 말했다. "향후 인공지능을 통해 큰 변화를 겪지 않을 산업을 생각하는 것 자체가 힘든 일이다."

하지만 데이터 혁명과 함께 시작된 인공지능의 발전은 이제 막 시작 단계에 들어섰다고 봐도 무방하다. 일례로 미국의 인공지능 연구소 오픈AIOpenAI가 개발한 언어 모델 GPT-3Generative Pre-trained Transformer 3는 딥러닝 기술을 사용해 인간다운 텍스트를 만들어내는 것을 목적으로 개발되었다. 이 인공지능 시스템은 2019년 1,750억 개의 매개변수를 사용해 세상을 놀라게 했다. 하지만 불과 1년 후인 2020년 12월, 알파고AlphaGo를 개발한 구글 딥마인드의 언어 시스템은 무려 2,800억 개의 매개변수를 사용했다.

매개변수를 늘린다는 것은 그만큼 많은 데이터와 컴퓨팅 파워가 요구된다는 의미다. 하지만 단순하게 데이터량과 컴퓨팅 파워를 늘리는 것이 더 좋은 모델이 되는 선결 조건인지에 대해서는 논란이 있어 왔다. 하지만 이 문제에 대해 최근의 딥러닝 연구팀들이 내놓은 결과는 '그렇다'이다.

그들은 언어 모델에서 데이터량을 늘림으로써 보다 높은 성과를 창출할 수 있다는 연구 결과를 발표했다. 최근 마이크로소프트와 엔비디아NVIDIA에서 연구하는 시스템의 매개변수는 5,300억 개에 이른다. LG그룹이 2021년에 발표한 초거대 인공지능도 3,000억 개의 매개변수를 갖고 있다. 이 인공지능은 말뭉치 6,000억 개와 고해상도 이미지 2억 5,000만 장을 학습한 것으로 알려졌다. 이렇듯 컴퓨팅 파워는 더 발전할 것이고, 그 결과 지금보다 훨씬 더 성능 좋은 인공지능이 지속적으로 개발될 것이다.

우리가 인식하든 인식하지 못하든 인공지능은 이미 우리의 삶 깊숙이 들어와 있다. 원치 않는다 해도 거부하기 어렵다. 그렇다면 우리는 인공지능 기술을 어떻게 받아들여야 할까? 또 그것을 어떻게 활용해야 할까? 이제 그 해답을 찾아가려 한다.

21세기의 원유,
인공지능과 빅데이터

    수천 년간 인류는 우주가 지구를 중심으로 돌고 있다는 세계관을 굳건히 믿고 있었다. 하지만 지금으로부터 약 500여 년 전 등장한 코페르니쿠스는 사람들의 확고한 믿음과 고착된 세계관을 뒤흔들어놓았다. 지구는 천체의 일부이며 태양계에서는 지구와 다른 행성들이 태양을 중심으로 돌고 있다는 새로운 학설을 주창하고 나선 것이다. 당시 사람들에겐 자신을 둘러싼 세계에 대한 믿음이 완전히 뒤집어지는 대혼란이었을 터다. 이에 착안해 오늘날 우리는 기존에 갖고 있던 세계관이나 견해를 완전히 뒤엎는 사고의 전환을 '코페르니쿠스적 전환'이라 부른다.

천동설을 무너뜨린 갈릴레오의 데이터

코페르니쿠스가 살았던 당시는 신이 창조한 지구가 세계의 중심이라는 종교적 세계관이 지배하고 있었다. 당연히 천동설에서 지동설로의 사고 전환은 쉽지 않았고, 널리 퍼지지 못했다. 하지만 1632년 갈릴레오가 《프톨레마이오스와 코페르니쿠스의 2대 세계 체계에 관한 대화》라는 책을 출간한 후 사람들의 세계관은 완전히 뒤엎어진다. 갈릴레오의 책은 어떻게 굳건했던 종교관을 꺾을 수 있었을까?

당시 사람들에게 지동설은 도저히 받아들일 수 없는 주장이었고, 갈릴레오는 그 책을 발간하기까지 적잖은 난관을 극복해야 했다. 그럼에도 책이 출간될 수 있었던 것은 갈릴레오와 친분이 있던 마페오 바르베리니Maffeo Barberini 추기경이 우르바노 8세 교황으로 즉위한 덕분이었다. 갈릴레오는 우르바노 8세 교황을 설득해 천동설과 지동설, 이 두 가지 이론을 교차해 설명한다는 전제하에 간신히 책을 출간할 수 있었다.

책 제목에 '대화'라는 단어가 들어가게 된 것도 이런 이유에서다. 이 책은 가상의 인물들이 두 가지 이론에 대해 대화하며 각자의 의견을 피력하는 형식으로 진행된다. 형식적으로는 일방적인 자기 주장이 아닌 상호 간의 대화였지만 책이 출간되자마자 지동설은 더 이상 부정할 수 없는 사실이 되고 만다. 그것은 바로 갈릴레오가 제시한 '데이터' 때문이었다.

지동설을 주장한 학자들은 갈릴레오 이전에도 있었다. 하지만 그들은 몇 가지 현상을 보며 천동설의 모순점을 파악했고, 그 현상이 지동설에 의해 더 잘 설명될 수 있다는 '가설' 수준의 주장을 내세웠다. 다시 말해 과학적 근거도 설득력도 부족했다. 반면 갈릴레오는 명확한 논거가 되는 데이터를 통해 천동설이 완전히 잘못되었음을 있는 그대로 보여줌으로써 반박의 여지를 없앴다.

천문학자이기도 한 갈릴레오는 망원경을 개발해 최초로 천체를 관측했다. 그는 토성의 띠 등 여러 새로운 사실을 최초로 발견했고, 결정적으로 목성의 위성들을 발견했다. 나아가 그 위성들이 목성의 주위를 돌고 있다는 증거를 데이터로 보여주었다. 지구가 돈다는 사실이 데이터로 확인되었을 때 '모든 천체가 지구를 중심으로 돈다'는 천동설은 무너질 수밖에 없었다.

빅데이터와 인공지능의 영향력이 커지는 이유

이제 우리는 빅데이터와 빅데이터를 통해 개발된 인공지능 시대의 초입에 들어섰다. 많은 사람들이 빅데이터와 인공지능이 다음 세기까지 가장 중요한 기술이 될 것이라 예측하고 있다. 영국의 경제지 〈이코노미스트〉는 "21세기에는 데이터가 원유만큼 중요해질 것"이라고 말했다.

그뿐 아니다. 약 10년 전부터 토머스 H. 데이브포트Thomas H. Davenport와 D. J. 파틸D. J. Patil을 비롯해 유수의 학자들은 데이터 과학자가 향후 가장 매력 있는 직업이 될 것이라 예상했다. 세계경제포럼 WEF이 발표한 〈미래의 직업 2020The future of Jobs Report 2020〉에 따르면 2025년까지 가장 많은 수요가 예상되는 직업 1위는 데이터 분석가 및 과학자, 2위는 인공지능 및 머신러닝 전문가, 3위는 빅데이터 전문가다. 빅데이터와 인공지능 관련 직업이 1위에서 3위까지를 차지했다는 것은 전문가들의 예상이 현실이 되어가고 있음을 시사한다.

인공지능과 빅데이터가 우리 삶에서 점점 더 중요해질 것이라는 사실에 의문을 제기하는 사람은 거의 없다. 하지만 인공지능과 빅데이터가 21세기의 원유라 불리고, 데이터 분석가 및 과학자가 가장 매력적인 직업으로 손꼽히며 바로 지금 관심의 중심에 서게 된 본질적인 이유는 무엇일까?

그것은 인공지능과 빅데이터가 향후 세 가지 중요한 역할을 할 것이 분명하기 때문이다. 첫째, 데이터는 우리에게 세상을 새롭게 해석하는 시각을 선사할 것이다. 둘째, 인공지능은 우리의 시간을 절약시켜줄 것이다. 셋째, 인공지능은 우리가 새로운 지식을 창출하게 해줄 것이다. 이 세 가지 역할에 대해 지금부터 자세히 살펴보자.

새로운 데이터는
새로운 시각을 가져다준다

　앞서 거론한 지동설과 천동설 얘기로 돌아가보자. 이미 말한 대로 갈릴레오에 의해 지동설이 명확한 사실이 된 것은 갈릴레오가 새로운 데이터를 만들어낼 수 있었기 때문이다. 여기서 핵심은 '새로운 데이터'다. 갈릴레오는 망원경으로 천체를 직접 관측했고 그 것은 '새로운 과학'인 '천체망원경'에 의해 가능했다. 자신이 만들어 낸 도구로 직접 목성과 그 주위를 도는 위성을 발견함으로써 기존과 전혀 다르게 우주를 해석했던 것이다. 이로써 갈릴레오는 '천동설'이라는 전통적인 우주관을 무너뜨리며 완전히 새로운 세상을 열 수 있었다.

디지털 혁명으로 앞당겨진 데이터 대폭발의 시대

갈릴레오 이전에도 천체를 관측하는 사람은 많았다. 다만 그들은 육안으로 관찰했기에 천체를 보는 데 한계가 있었고, 어떤 원리로 천체가 작동하는지 이해할 수 없었을 뿐이다. 그러다 갈릴레오에 의해 과학적 도구가 개발되고 천체 관측에도 혁명이 일어난 것이다. 그는 새로운 천체 관측으로 새로운 데이터를 생성했으며, 완전히 새로운 해석을 통해 새로운 우주관을 탄생시켰다.

현재 우리가 사는 세계 역시 갈릴레오가 살던 400년 전의 세계와 다르지 않다. 오늘날 인간을 중심으로 생겨나는 많은 사회현상과 자연현상은 우리가 어떻게 이름 짓고 어떻게 설명하든 계속해서 진행되고 있다. 하지만 이전과 다른 방식으로 관찰하게 되었을 때 우리의 이해도는 완전히 달라진다. 과거 갈릴레오가 살았던 시대처럼 말이다. 따라서 우리에게 필요한 것은 '새로운 데이터'다.

새로운 데이터는 세상을 보는 전혀 다른 눈을 선사한다. 매출 데이터, 공정 데이터, 고객 서베이 데이터 등 우리는 많은 데이터를 접해왔다. 하지만 그 너머를 보려면 늘 접해오던 기존 데이터가 아닌 완전히 새로운 종류의 데이터가 필요하다. 보통 새로운 데이터는 갈릴레오의 망원경이나 현미경처럼 과학의 진보에 의해 얻어진다.

현재 우리는 디지털과 센서의 발전이라는 과학의 진보 덕분에 전혀 다른 종류의 데이터를 접할 수 있게 되었다. 과학의 진보는 쇼핑, 엔터테인먼트, 교류, 소통, 거래 등 거의 모든 생활 양식을 디지털화했고, 그것이 다시 데이터로 집적되고 있다. 기존 오프라인 매장의 경우 데이터는 점원의 기억에 의존하는 수준이었다. 단골이나 간혹 눈에 띄는 손님 정도에 한해 언제 방문했고 어떤 상품을 구매했는지 기억하는 정도였다.

반면 디지털에 기반해 새로 등장한 온라인 매장은 다르다. 개인별로 정확한 방문 일자, 관심을 보인 상품, 기존의 상품 구매 현황에 비슷한 취향을 가진 사람들의 구매 현황까지 모든 데이터가 정확하게 기록된다.

이제 머릿속 기억에 의지해 고객을 이해하는 기업과 위에 언급한 데이터를 바탕으로 고객을 이해하는 기업을 비교해보자. 이것은 맨눈으로 하늘을 쳐다보는 것과 천체망원경으로 별의 궤도를 관측하는 것의 차이와 비슷하다. 상품 구매라는 한정된 분야에서의 차이를 살펴보았으나, 거의 모든 분야에서 디지털은 기존에 없던 데이터를 제공해주고 있다. 친구와 어떤 대화를 나눴는지, 어떤 영화를 언제 보았는지, 어디를 운전하며 돌아다녔는지, 누구와 약속을 했는지, 몇 시간을 잤는지, 심지어 드라이브하며 브레이크를 몇 번 밟았는지까지도 데이터로 기록된다.

통계 전문기관 스타티스타Statista에서 발표한 2020년 생성된 총 데이터는 64.2제타바이트에 이른다. 2025년에는 175제타바이트가 될 것으로 예측된다.

175제타바이트라는 수치는 대체 어느 정도일까? 평균적인 인터넷 속도로 이 정도 데이터를 모두 다운로드하려면 18억 년이 걸린다. 현재 사용하는 평균 사양의 DVD에 저장해 쌓아 올린다면 그 높이가 지구를 약 220번 감을 정도라고 한다. 어마어마한 데이터가 매일 생성되고, 저장되고, 복사되고, 전송되고, 분석되는 것이다. 인터넷이 막 보급되기 시작한 시점에 지구 전체의 데이터의 양이 지금의 약 0.004퍼센트 수준이라고 하니 말 그대로 기하급수적으로 증가한 것이라 할 수 있다. 어떻게 이렇게 많은 데이터가 생겨날 수 있을까?

그것은 디지털 기술의 발달과 확장에 기인한다. 구글에서는 하루에 56억 회 데이터가 검색되는데, 이것은 1초당 약 6만 4,000회에 달한다. 매일 15억 명의 사람들이 페이스북을 사용하고 있으며, 인스타그램에는 약 500억 개의 사진이 올라 있다. 또한 약 6만 1,040개의 사진이 1분마다 웹에 올라온다. 물론 이 모든 데이터는 기록된다.

데이터는 SNS에 의해 폭발적으로 증가한 측면이 있으며, 앞으로는 사물인터넷 센서에 의해 더욱 증폭될 것이다. 우리가 최근 구매하는 거의 모든 가전제품에는 사물인터넷 센서가 내장되어 있다. 언제 정수기 물을 마셨는지, 냉장고 문을 하루에 몇 번이나 여닫았는지, 세탁기의 통세척은 언제 마지막으로 했는지 등 모든 사용 정보가 기업의 서버로 들어간다.

현재 기업들은 '디지털 트윈Digital Twin'이라는 개념을 도입해 제품을 생산한다. 디지털 트윈이란 현실 세계의 기계나 장비, 사물 등을 컴퓨터 속 가상세계에 구현한 것이다. 다시 말해 제조 과정에서 모든 기기에 센서를 부착해 물리적으로 일어나는 시스템의 일을 디지털로 데이터화해 사이버 공간에서 그대로 재현하는 것이다. 이런 체제로 제품을 생산하는 공장들은 하루에 평균 1페타바이트의 데이터를 생성한다. 요즘 개발된 전기차에는 100개가 넘는 센서가 부착되어 있으며, 자율주행차 한 대는 한 시간 운행에 약 4,000기가바이트의 데이터를 생성한다. 최근 몇 년 동안 우리는 데이터의 폭발을 목도했다. 하지만 이후 10년 안에 일어날 일과 그로 인해 생성될 데이터의 양과 비교하면 그야말로 조족지혈의 수준이다. 앞으로는 말 그대로 데이터의 대폭발이 일어날 것이다.

우리는 지금 디지털라이제이션과 메타버스 등으로 인해 가상 세계에 한 발 더 가까이 다가섰다. 사람과의 만남, 교육, 오락, 여가, 여행, 물품 거래 등 모든 영역에서 더 빠르고 강력하게 디지털화가 진행되고 있다. 이로 인해 데이터는 상상할 수 없을 만큼 늘어날 것이다. 그 결과 새로운 데이터를 통해 세상을 이해하는 사람과 기존의 데이터로 세상을 바라보는 사람 사이에는 근본적인 시각 차이가 생길 수밖에 없다. 바로 이것이 빅데이터와 데이터 중심의 인공지능이 앞으로 가장 중요한 기술이 될 수밖에 없는 이유다.[2]

인공지능이 밝힌 면접과 직무 능력의 상관관계

요즘 대학생들에게 가장 중요한 관심사를 물어보면 대부분 '취직'이라고 답한다. 나와 함께 공부하는 대학원생들도 졸업 시즌이 가까워지면 학업보다는 취직 문제에 더 신경을 쓴다. 여러 회사의 채용 정보를 수집하고 면접 연습을 하며 새로운 스펙을 쌓는 데 온 힘을 기울이는 것이다. 기업마다 차이가 있지만 취직을 하려면 서류전형과 자기소개서, 면접을 통과해야 한다.

그런데 궁금하다. 과연 채용 책임자는 그것만으로 인재를 선별할 수 있을까? 사실 이것은 많은 기업들이 가져왔던 고민이며 기업의 가장 중요한 의사결정 사안 중 하나다. 미국의 한 연구에 따르면 이직의 80퍼센트는 잘못된 채용에서 비롯된다고 한다. 한해 5,000만 명이 이직한다면 그중 약 4,000만 명의 이직이 잘못된 채용과 관련 있다는 얘기다. 미국의 데이터지만 눈여겨볼 만한 수치다.

기업에서 직원 채용 및 교육 프로세스에 들어가는 비용과 과련된 문제들의 중요성을 생각한다면, 직원 채용의 의사결정이 얼마나 중요한지 알 수 있다. 이것은 구직자에게도 마찬가지다. 한 보도에 따르면 구직자가 1년간 취업 준비에 지출하는 비용이 평균 378만 원이라고 한다.[3] 즉 잘못된 채용 프로세스는 기업은 물론 구직자에게도 커다란 비용 손실을 안겨주는 셈이다.

이를 증명이라도 하듯, 채용 시 면접 및 이력서 점수와 실제 채용

후의 성과 점수의 상관관계에 관한 연구를 보면 결과는 아주 실망스럽다. 30년 동안 채용 분야 전문가로 일한 배리 도이치Barry Deutsch는 링크드인과의 인터뷰에서 놀라운 사실을 밝혔다. 자신과 동료가 공동으로 진행한 1,000개 이상의 채용 프로젝트 그리고 25만 명이 넘는 지원자들을 분석한 결과에 의하면 인터뷰 점수와 직무 성과의 상관관계는 찾으려야 찾을 수 없다는 것이다.[4]

이것은 국내도 마찬가지다. HR 전문기업 마이다스인이 개발한 채용 플랫폼 잡플렉스JOBFLEX에 따르면 A회사의 채용 사례(대졸 사원 354명)를 중심으로 한 실증 검증 연구에서 면접 점수, 인적성 검사는 직무 성과와 유의미한 상관관계가 없는 것으로 나타났다.[5]

구글은 왜 AI 면접관을 채용하게 되었을까

채용에 있어 좋은 사람을 뽑기 위해 어떤 방식이 좋은가를 구글만큼 많이 고민하는 회사도 없을 것이다. 구글은 채용 면접에서 "비행기 한 대에는 얼마나 많은 골프공이 들어가는가?", "맨해튼에는 얼마나 많은 주유소가 있는가?" 등과 같은 창의적인 질문으로 인재를 선별한다고 알려져 있다.

하지만 10년 동안 구글의 HR 책임자였으며, 구글의 인재 등용을 다룬 책《구글의 아침은 자유가 시작된다》의 저자 라즐로 복Laszlo

Bock은 〈뉴욕타임스〉와의 인터뷰에서 "이런 류의 질문은 전혀 도움이 되지 않으며 오직 인터뷰하는 사람이 잘난 척하는 것일 뿐"이라고 잘라 말했다. 더 흥미로운 사실은 구글이 약 1만 건의 인터뷰를 분석한 결과, 면접관이 평가한 점수와 그 직원의 실제 성과 점수를 비교했을 때 둘 사이의 상관관계가 거의 없었다는 점이다.

결론은 그간 기업들이 인성 평가와 자기소개서, 면접 점수를 기준으로 좋은 인재를 뽑고 있다는 착각을 하고 있었다는 사실이다. 그렇다면 최적의 인재를 채용하기 위해 기업이 이해해야 하는 것은 무엇일까? 이는 세 가지로 정리된다.

첫째, 아직 완전한 해답을 갖고 있지는 않지만 최소한 지동설이 틀릴 수도 있다는 점이다. 이제 우리에게 필요한 것은 새로운 데이터다. 우리에게 주어진 첫 번째 데이터는 인간은 주관적이고 편향성을 띠고 있다는 것이다. 이것은 노벨경제학상을 받은 행동심리학자 대니얼 카너먼Daniel Kahneman의 연구 결과로 확인된다. 그는 모든 인간은 의사결정에 있어 편향성을 갖고 있고 그 이후의 의사결정은 자기가 보고 싶은 것만 보는 확증편향에 따라 진행되는 경우가 많다고 말한다. 때문에 인재 채용을 위한 평가는 구조적이어야 하며, 알고리즘에 바탕을 두어야 한다는 것이다. 면접관은 알게 모르게 편향성을 갖게 되고, 그에 따라 평가 방식 역시 형평성이 부족하므로 주관적인 면접 방식은 믿을 만한 것이 못 된다는 것이다.

이러한 연구 결과를 바탕으로 구글에서는 오랜 연구 끝에 큐드로이드qDroid라는 채용 시스템을 고안했다. 이 시스템은 면접관이 지원자의 직무역량을 알 수 있도록 각 분야별로 지원자 맞춤형 면접 지침과 출제 문제를 알려주며(구조화), 이후 채점 역시 사람의 주관적이고 임의적인 판단 없이 일정 기준에 의해 이루어진다(표준화). 국내에서도 몇몇 기업들이 이런 흐름과 궤를 같이해 사람이 개입하지 않고 구조적 방식에 의해 면접 문제가 출제되고, 표준화 방식에 의해 채점되는 인공지능 면접을 채택하고 있다.[6]

둘째, 면접 점수와 학벌, 학점 등의 정보는 채용을 결정하는 데 충분하지 않다는 점이다. 따라서 우리는 어떤 데이터를 추가로 얻을 수 있는지, 무엇보다도 그 데이터가 채용에 어떻게 연계되는지를 더 깊이 연구해야 한다. 최근의 인공지능 면접은 인터뷰 시의 음성 분석, 사용 어휘 빈도 분석, 언어 유형 분석뿐만 아니라 표정 분석, 나아가 맥박 및 뇌파 분석 등의 데이터까지 이용하려는 추세다. 이런 정보가 적합한지에 대해서는 좀 더 논의가 필요하겠지만 최소한 육안으로 관찰하던 방식에서 진보해 망원경을 통한 데이터를 얻기 시작했다는 것은 확실하다.

셋째, 보다 심도 깊은 추가 정보가 필요하다는 점이다. 단시간의 면접으로 얻는 정보는 제한적일 수밖에 없다는 가정하에 좀 더 오랜 시간에 걸쳐 후보자의 일상을 이해할 필요가 있다. 현재 이를 위해 가장 먼저 할 수 있는 작업은 SNS를 통한 데이터 획득이다.

통계에 의하면 기업의 약 84퍼센트는 적격자 선별과 채용자 스크리닝을 위해 소셜미디어 데이터를 사용하고 있다고 한다. 한 연구에 따르면 상당수의 기업이 소셜미디어에 있는 부적합한 정보를 보고 채용을 취소한 적이 있다고 답했다.[7] 아직은 초기 단계지만 앞으로는 이력서와 자기소개서 정보에 더해 SNS 정보, 온라인에서의 최근 검색과 쇼핑 내역, 면접에서의 언어 및 행동 분석 등을 종합적으로 판단해 가장 적합한 인재를 고르는 날이 올 수도 있다.

인공지능, 빅데이터를 통한 인재 채용에 대해 알아보았지만 사실 이런 변화는 이미 여러 분야에서 진행 중이다. 그리고 이런 변화들로 인한 여러 파생 이슈가 존재한다. 사생활 보호, 법률적인 문제, 결과에 대한 편향성 검증 등 여러 이슈가 제기될 수 있다. 여기에 덧붙여 인공지능의 의사결정과 사람의 의사결정을 어떻게 조화시켜야 하는지도 중요한 문제다. 예를 들어 여러 의사결정 프로세스에서 어느 경우에는 인공지능의 결정이 중심이 되고, 어느 경우에는 사람의 결정이 우선시되는지 등 인공지능 활용 체계를 확립해야 할 수도 있다. 채용 과정에서 인공지능과 빅데이터를 통한 의사결정을 채용자의 1차 스크리닝에 사용할 수도 있고, 최종 결정에 쓸 수도 있다는 것이다.[8]

앞서 설명했지만 이런 변화는 인재 채용에 국한된 것이 아니다. 데이터에 기반한 인공지능 활용은 이미 우리 삶 깊숙이 들어왔고,

산업 전 분야에 걸쳐 프로세스의 변화를 불러오고 있다. 우리가 주목해야 할 것은 우리 생활의 디지털화와 거기서 도출된 새로운 데이터를 통해 이전과 전혀 다른 관점을 갖게 된다는 점이다. 인공지능을 통해 우리가 전에 얻을 수 없었던 데이터를 확보함으로써, 새로운 관점을 갖게 되고 이는 곧 새로운 시대에 필요한 통찰력을 제공해줄 것이다.

인간과 인공지능의
협력이 가져올 좋은 변화

근대 이후 기술 발달은 대부분 인간의 육체 노동을 대신하거나 강화하는 방향으로 진행되었다. 농경사회에서 가축을 사용해 수고를 덜고 생산성을 높이던 인간은 산업혁명을 통해 처음으로 원할 때마다 필요한 장소에서 동력을 생성할 수 있는 기계장치를 만들어 냈다. 기계의 등장은 커다란 변화의 시초가 되어 산업 사회의 기초를 이루었다. 산업 사회로의 전환은 숙련된 육체노동자들의 불안감을 자극했고, 1811년경 영국 직물 공업 지대에서는 노동자들이 공장을 돌아다니며 방적기계를 파괴하는 러다이트Luddite 운동의 원인이 된다.

이처럼 기술의 발달과 함께 인간이 기계로 대체될 수 있다는 불안감은 항상 존재해왔다. 현재 노동자의 상당수는 지식노동자로서 사무실 책상에 앉아 업무를 수행하고 있다. 인공지능의 발달은 생산직이 아닌 지식노동자조차 기계로 대체될 것이라는 불안감을 안겨주고 있다.

ATM은 정말 은행원의 일자리를 빼앗았을까

2013년 옥스퍼드대학 마틴스쿨의 칼 베네딕트 프레이Carl Benedikt Frey 교수와 마이클 오스본Michael Osborne 교수는 〈고용의 미래: 자동화가 일자리에 끼치는 영향〉이라는 논문[9]에서 "자동화와 기술 발전으로 인해 향후 20년 안에 미국의 직업 47퍼센트가 사라질 가능성이 크다"고 말해 큰 반향을 불러일으켰다.

하지만 사실 그들은 논문의 결론에서, 향후 절반 정도의 직업이 없어질 것이라는 자신들의 예측을 어떻게 조심스럽게 해석해야 하는가에 대한 여러 가지 주의점을 상기시켰다. 예를 들어 그들이 예측한 결과는 기술적으로 가능하다는 얘기지 그 직업이 정말 없어질지 아닐지는 확실치 않다고 했다. 또한 논문에서는 향후 새로 생겨날 직업에 대해서 아무런 언급이 없었다. 지금까지의 역사로 보아 새로운 직업을 예견하는 것 자체가 쉽지 않은 일이기 때문이다.

1900년 뉴욕 5번가에 처음 자동차가 등장했을 때를 떠올려보자.

사람들은 마부가 없어지고 거리의 말똥 청소부도 일자리를 잃을 것이라고 걱정했다. 하지만 현실은 전혀 달랐다. 철강 산업의 발달로 새로운 파생 산업과 일자리가 생겼고, 교통의 발달로 주거지가 확장되며 직업과 일의 형태도 바뀌었다.

사실 기술 발달과 인간의 일자리 변화는 여러 가지가 작용해 복합적인 성격을 띠고 있다. 1970년대 들어 은행에 ATM이 본격적으로 보급되기 시작했을 때 사람들은 이 기계가 직원이 할 일을 대신함으로써 은행 직원의 대규모 감축을 불러올 것이라 예상했으나, 그런 일은 지난 30년 동안 전혀 일어나지 않았고 오히려 은행 직원의 수는 2010년까지 계속 증가했다.

그렇다면 기계가 단순한 육체 노동을 넘어 사무적이고 지적인 업무를 대신해주는 인공지능 시대에는 어떤 일이 일어날까? 앞서 말했듯 기술 발달과 일자리 변화에 대한 수많은 연구가 있었음에도 이것을 맞히기란 쉽지 않다. 그 이유는 기술 발달에 따른 일자리의 변화는 단순 인과관계로 설명될 수 없으리만큼 무수히 많은 사회적, 심리적, 정치적 요소들의 영향을 받기 때문이다. 산업혁명을 겪으며 인류는 생산성의 혁신을 이뤘고, 사라지는 일자리들을 대신해 새로운 일자리들이 탄생했다. 우리를 둘러싸고 있는 변화들을 중심으로 지금 어떤 일이 일어나고 있는지 팩트에 근거해 살펴보자.

가장 크게는 인공지능을 '기계적이며 반복적인 일'에 집중적으로 적용하려는 시도를 많이 하고 있다. 그러한 일들이 인공지능을 적용하기 가장 좋은 업무이기 때문이다. 이런 업무에 인력이 과하게 투입되어 있다면 기업 입장에선 인공지능으로 효율성을 높여 인건비를 절약할 수 있다. 하지만 효율성 향상이나 인건비 절약보다 더 중요한 건 인공지능의 투입에 따라 여유 시간을 확보할 수 있다는 점이다. 사람이 하던 반복적이고 힘겨운 일을 기계나 로봇이 대신함으로써 보다 중요한 일에 에너지를 투자할 여유가 생긴다. 인간이 기피하던 일을 인공지능이 하는 동안 여유 시간을 갖게 된 우리는 보다 창의적인 다른 일을 찾을 수 있다.

자산관리사와 로보어드바이저, 경쟁 아닌 협력 관계

자산관리 시장은 전 세계적으로 엄청나게 큰 규모다. 미국만 놓고 봐도 약 300조 원 규모이며 등록된 기업만 20만 개가 넘는다. 이 시장은 향후에도 매년 약 25퍼센트씩 성장할 것으로 예측된다. 우리나라의 경우 개인의 자산관리 컨설팅은 특정 자산가를 대상으로 하는 프라이빗 뱅킹PB이 있고, 일반인은 보험 설계사의 컨설팅에 의해 진행되는 정도이지만, 향후 큰 규모로 성장할 시장이다.

이 시장을 잡기 위해 최근 많은 자산관리 기업이 '로보어드바이저robo-adviser'라 부르는 인공지능을 출시하기 시작했다. 로보어드바이저는 사람이 파악할 수 없는 방대한 데이터와 시시각각 들어오는 경제 뉴스를 빠짐 없이 분석한다.

　사실 로보어드바이저는 인간보다 분석을 잘한다는 점 외에도 여러 가지 장점이 있다. 일단 대부분의 사람은 자산관리 상담을 받으려면 가족관계 등 매우 사적인 부분을 밝혀야 하는데, 이런 것들을 다 드러내놓고 상담하는 것은 아무래도 부담스러운 일이다. 하지만 인공지능이라면 거리낌 없는 대화가 가능하고, 언제든 내가 원하는 시간에 상담에 응해줄 수 있다. 인간 상담사와는 약속을 잡는 것도 번거롭고, 너무 자주 불러내기도 왠지 미안하다. 하지만 로보어드바이저는 내가 원할 때 즉각적으로 응해주며 횟수에 상관없이 상담을 진행해준다. 마지막으로는 비용적인 측면이다. 현재 미국에서 자산관리 서비스를 받으려면 수수료로 보통 보유 자산의 1~2퍼센트를 지불해야 한다. 하지만 인공지능 상담사에게는 약 0.25퍼센트 수준의 수수료만 지불하면 된다.

　그렇다면 인공지능 때문에 자산관리사가 줄어들까? 가까운 미래에는 그런 일이 일어나지 않을 것 같다. 일단 미국에서는 인공지능을 이용한 자산관리를 시작함으로써 기존에는 비싼 비용 때문에 서비스를 받지 못했던 사람들도 고급 서비스를 받을 수 있게 되었다. 이로 인해 오히려 자산관리사가 늘어났다는 통계도 있다.

　한발 더 나아가 자산관리사들은 로보어드바이저에게 단순 업무를 시키고, 그 시간에 데이터를 보다 세밀히 분석해 고객에게 꼭 필요한 정보를 줄 수 있게 되었다. 나아가 남는 시간을 활용해 고객들의 니즈를 좀 더 정확하게 파악할 수 있게 되었다. 쉽게 말해 맞춤 상담과 설계가 가능해진 것이다. 그 결과 자산관리 시장은 자산관리사가 로보어드바이저를 이용해 좀 더 나은 서비스를 제공해주는 하이브리드 모델로 변모하는 중이다.

하지만 로보어드바이저만을 이용한 시장은 크게 성장하지 못하고 있다. 그 이유는 무엇일까? 한 연구에 따르면 40퍼센트의 고객들은 인공지능만으로 자산을 관리하는 데 불편을 느끼고 있었다. 인공지능은 주어진 분석은 잘하지만, 일반적인 상식과 휴먼터치가 부족해 사람만큼 융통성 있는 대처를 못하는 한계가 있기 때문이다. 예를 들어 시장의 변동 폭이 커지는 구간에서 고객이 당황해 손실을 감수하고 시장에서 빠져나오려고 한다고 해보자. 사람이라면 상황을 설명해주고 고객을 안심시켜 장기투자를 유도할 수도 있지만 로보어드바이저는 사람이 하듯 융통성을 갖고 섬세하게 대응할 수 없다.

이런 사례들에서 알 수 있듯이 인공지능은 인간이 수행하던 반복적인 일이나 데이터 중심의 일을 하고, 인간은 남는 시간을 활용해 보다 창의적인 일을 할 수 있다. 인간과 인공지능을 잘 조화시킨 하이브리드 모델은 분명 좋은 시너지를 낼 것이다.

새로운 지식 창출을 돕는
데이터 기반 인공지능

구약성경에 따르면 인간은 바벨탑을 쌓아 하늘에 닿고자 갈망하면서 동시에 자신들의 이름을 떨치려 했다. 모든 민족이 하나의 언어를 사용하고 있던 인간들은 마음만 먹는다면 무엇이든 할 수 있다는 자만심에 젖어 있었다. 여호와는 이런 인간의 오만을 다스리기 위해 여러 언어를 만든다. 다양하고 혼잡한 언어로 인해 사람들이 서로의 말을 알아듣지 못하게 하려는 의도에서다. 결국 사람들은 뿔뿔이 흩어졌고 성 쌓기는 중단되었다. 사람 사이의 의사소통과 그로 인한 지식의 교류가 얼마나 큰 힘을 발휘하는지를 역설적으로 일깨워주는 이야기다.

인공지능은 어떻게 진화해왔는가

　인류의 발전은 지식 창출 방식의 발달과 그 궤를 같이하고 있다. 지식 생성의 핵심 요인은 커뮤니케이션을 통해 나와 타인이 가진 총체적인 지식과 경험을 연결하는 데 있다. 커뮤니케이션이 제한되면 지식 창출의 과정은 늦춰질 수밖에 없다. 인간이 생태계 꼭대기에 있으면서 지금의 문명을 만들 수 있었던 건 다른 영장류에 비해 언어 능력이 뛰어났기 때문이었다.

　먹이의 발견이나 포식자의 침략 등에 관한 기초적이고 단순한 의사 전달 능력만 있었던 다른 동물들과 달리 현생 인류는 보이지 않는 추상적 개념(사랑, 신에 대한 믿음, 국가, 화폐 등)에 대해 의견을 교환할 수 있었다. 나아가 다른 사람의 지식에 자신의 경험을 더해 새로운 지식을 창출하는 능력도 있었다. 후에 이것은 문자를 만드는 능력으로 발전했다. 결정적으로 인류 최고의 발명품 책이 상용화된 후 지식을 보관, 축적, 배포, 전파 그리고 새롭게 재생산하는 능력이 획기적으로 발전하게 된다.

　이런 측면에서 보면 컴퓨터의 발명으로 가속화된 디지털 혁명은 인류가 다시 한번 획기적으로 발전하는 토대가 된 셈이다. 지금 인간은 스마트폰이라는 휴대 가능한 작은 기계를 통해 지구상의 어느 누구와도 쉽게 소통할 수 있다. 또한 초고속 인터넷의 발달로 지금까지 쌓인 지식을 쉽게 찾아보고 전파할 수 있다. 이처럼 디지털

혁명은 지식 창출의 새로운 지표를 열었고 지식 창출의 과정을 가속화시켰다.

컴퓨터의 발달과 함께한 초기의 인공지능은 지금의 인공지능과는 사뭇 달랐다. 당시의 인공지능은 지금까지 쌓인 지식을 컴퓨터에 옮겨서 인간처럼 판단하는 시스템을 구현하는 것이 목표였다. 이는 특정 분야에서 최대한 많은 정보를 컴퓨터에 입력하고, 이를 바탕으로 인공지능이 추론해내는 '전문가 시스템'을 바탕으로 한다. 지금은 이런 1세대 인공지능에서 딥러닝 등의 '데이터 기반 인공지능'으로 발전하고 있다.

전문가 시스템과 데이터 기반 인공지능의 가장 큰 차이는 무엇일까? 전자가 지금까지 인간이 만들어온 방대한 지식을 컴퓨터에 옮겨놓는 것에 중점을 두었다면, 후자는 수많은 데이터를 한 데 모으고 분석해 그로부터 공통된 패턴을 발견하는 방식으로 발전한다는 점이다.

이론적으로 1세대 인공지능은 인간 지식의 매핑에 불과해 지식 생성 측면에서 보면 지식의 '보전'에 머물렀다. 반면 지금의 인공지능은 새로운 지식을 발견할 수 있는 가능성이 열려 있다. 앞서 말한 인공지능의 두 가지 향후 활용(새로운 시각과 더 주어지는 시간)은 이미 많은 분야에 적용되고 있으나 세 번째 방식인 인공지능을 통한 지식 확장은 아직 시작 단계다.

AI에게 한 수 배우는 프로 바둑기사들

인공지능이 어떻게 인간의 의사결정에 영향을 미치는지가 현안으로 떠오르는 요즘, MIT에서 박사 후 과정을 밟고 있는 최석웅 박사는 동료들과 함께 〈인공지능이 인간의 의사결정에 미치는 영향: AI 기반 바둑 프로그램과 프로기사에 관한 연구〉라는 논문을 발표했다. 이 논문은 인공지능에 기반한 인간의 학습이 의사결정에 어떤 영향을 미치는지를 규명하는 데 목적이 있다. 이 논문을 논하기에 앞서 인간과 인공지능의 대결로 세간을 떠들썩하게 했던 바둑 경기부터 이야기해보자.

바둑 대결에서 승리한 인공지능

바둑은 몇 해 전 인간을 압도적으로 이긴 인공지능이 더 이상의 경기는 의미가 없다고 은퇴해버려, 우리 자존심을 상하게 했던 분야다. 체스와 마찬가지로 바둑에서도 각 플레이어들의 실력을 객관화해 보여주기 위해 일정한 점수체계를 따르는데, 가장 많이 쓰이는 방식은 미국의 물리학 박사 아르파드 엘로Arpad Emmerich Elo가 고안한 엘로Elo 평점 시스템이다. 간단히 설명하자면 경기 전 두 대국자의 승률과 대국 후의 결과에 따라 점수가 바뀌는 방식이다. 바둑 랭킹 사이트 고레이팅Go Ratings을 보면 2022년 6월 기준 세계 1위는 신진서 기사로, 엘로 점수는 3,831점이다. 2위는 3,710점인 중국의 커제柯洁, 3위는 3,670점인 박정환이다.

사실 인간에게 있어서 3,700~3,800점은 바둑 역사 1,000년을 돌아보건대 최고 수준이다. 점수로 단순 비교하기에는 무리가 있지만 바둑의 신이라 불리던 이창호 9단의 최고 점수가 3,569점, 이세돌 9단이 3,583점인 것을 감안하면 이들의 바둑 실력이 상당히 향상된 것을 알 수 있다.

그렇다면 인공지능 바둑 프로그램의 점수는 어떨까? 2016년 이전 점수는 2011년 파치Pachi가 1,200점 수준, 2015년 크레이지스톤Crazy Stone이 1,900점 수준으로 인간 최고 점수의 절반에도 미치지 못했다. 하지만 딥러닝을 이용한 첫 번째 인공지능 바둑 프로그램 알파고 판AlphaGo Fan은 2015년 말 3,144점을 찍었고, 이세돌을 이겼던 알파고 리AlphaGo Lee는 3,739점, 커제를 이겼던 알파고 마스터AlphaGo Master는 4,858점을 기록했다. 이후 바둑 규칙만 배운 후 자가 학습한 알파고 마스터는 무려 5,185점을 기록하며 인간과 격차를 벌렸다.

커제는 알파고 마스터에게 3전 전패를 당한 후 눈물을 보이며 "그와 바둑을 둘 때는 이길 수 있겠다는 한 톨의 희망도 갖기 어려웠다. … 그와 바둑을 두는 것은 고통 그 자체였다"라고 토로했다. 엄청난 점수 차에서도 알 수 있듯이 도저히 넘어설 수 없는 벽을 느꼈던 것이다.

인공지능이 가진 독특한 지식 생성 능력은 데이터를 입력했을 때 인간이 찾지 못하는 패턴을 찾아내 새로운 결과를 보여주는 것에 있다. 불과 6년 전 우리는 알파고와의 경기를 지켜보면서 세계 최고의 전문가가 인공지능에게 패하는 것을 목격했다. 그 후 바둑계는 프로기사들이 인공지능을 이용해 새로운 전략을 창출하는 쪽으로 방향이 바뀌고 있다. 기존의 바둑은 인간끼리의 지식 교환과 과거부터 축적된 지식인 기보를 중심으로 한 연구에 중점을 두었다. 반면 지금의 바둑은 인간이 미처 생각하지 못한 수를 인공지능이 제시하고, 인간은 이것들을 어떻게 받아들일 것인지를 연구함으로써 새로운 지식 창출 방식을 만들고 있다.

적이 아닌 동료가 된 인공지능

앞서 언급한 최석웅 박사 연구팀은 바로 이것을 연구했다. 최 박사팀은 인공지능이 바둑을 두면서 다음 수에 의한 승률을 보여주는 것에 착안해 연구를 진행했다. 바둑기사들은 대국이 끝나면 복기復棋를 통해 다시 한번 공부를 한다. 상대방 수까지 처음부터 다시 두면서 패착의 원인이 무엇인지, 어디서 어떻게 두었다면 결과가 달라졌을지를 가려내는 작업이다.

문제는 어떤 수에 대해서는 사람에 따라 의견이 제각각일 수 있다는 것이다. '과연 그 수를 다른 곳에 두었으면 결과가 달라졌을까?' 이에 대해서는 사람마다 다르게 판단할 수 있다. 하지만 최근의 인공지능은 어느 부분에서 이길 확률이 몇 퍼센트 떨어졌는지 그리고 어느 상황에서 어떤 수를 두었다면 승률이 올라갔을지를 명확하게 보여준다. 현재의 프로기사들은 이런 인공지능의 피드백을 통해 새로운 수를 배우고 있다.

최 박사팀은 최근 프로기사들이 많이 사용하는 인공지능 릴라 제로Leela Zero의 점수체계를 이용해 프로기사들이 인공지능으로 바둑을 연구하기 전과 후를 비교했다. 바둑 대국에서의 기보를 분석해 승률이 어떻게 바뀌었는가를 살펴봤는데, 그들의 분석에 의하면 2017년을 기점으로 프로기사들의 실력이 월등히 향상되었다.

다음 표의 세로값은 인공지능의 승률 대비 인간이 바둑 대국에서 수를 놓았을 때 승률의 차이를 보여준다. 따라서 여기서 값이 0이라는 것은 인간이 인공지능만큼 둔다는 의미이고, 마이너스로 내려갈수록 인공지능의 수에 비하여 인간의 수가 승률이 떨어진다고 할

인공지능 도입 이후 프로기사들과 인공지능의 승률 차이[10]

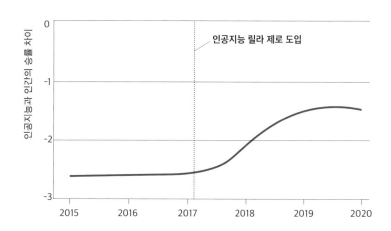

수 있다. 이들의 연구에 따르면 이전의 기사들은 인공지능 프로그램에 비해 평균 승률이 2.47퍼센트 낮은 수를 두었다. 하지만 많은 기사들이 인공지능을 이용한 프로그램으로 바둑을 연구하기 시작한 2017년 이후에는 그 값이 0.756퍼센트로, 향상된 승률을 보였다. 흥미로운 점은 다음 표에서 알 수 있듯 그 떨어지는 비율, 즉 새롭게 학습하는 비율이 나이에 따라 달라진다는 사실이다. 즉, 바둑 기사들의 평균 나이인 28세를 기준으로 그보다 더 젊은 기사들은 나이가 상대적으로 더 많은 기사들에 비해 학습량이 더 컸다. 연구팀은 이것이 상대적으로 컴퓨터를 더 잘 다루고 인공지능 바둑 프로그램을 더 잘 사용하는 그룹에서 효과가 더 크게 나타났음을 의미한다고 말했다.

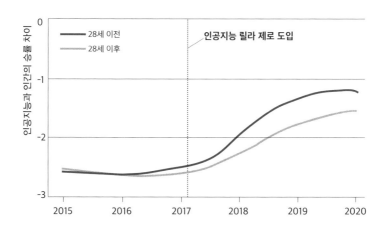

연령에 따른 승률 차이의 변화 양상[11]

기초적 판단은 인공지능이, 최종 선택은 인간이

아직까지 인공지능은 아직 특정 도메인이 주어진 분야(예를 들어 규격화된 룰과 19×19의 판이 정해져 있는 바둑 또는 격자의 색깔값으로만 정보가 이루어진 영상)에서만 작동이 잘 되고, 제한 조건이 없는 열린 환경으로 나오면 기저 지식이나 상식이 부족해 사용이 제한되고 있다. 하지만 그럼에도 불구하고 최근의 인공지능은 인간이 쌓아 올린 엄청난 데이터를 바탕으로 새로운 판단 능력을 보여주고 있다.

따라서 앞으로 인간의 경쟁력은 이러한 인공지능의 장단점을 이용해 새로운 지식을 창출하고 더 나은 의사결정을 내리는 데 있다고 할 수 있다. 자동차나 가구 디자인에 있어서도 구조의 공학적 아키텍처를 이해하는 전문가는 기계의 제약성을 전제에 두고 인공지능에게 디자인을 시킨 다음, 자신의 미학적 감각을 토대로 최종 결과물을 선택한다. 이러한 방식을 활용하면 인공지능으로부터 그동안 인간이 상상할 수 없었던 다양한 종류의 디자인을 얻을 수 있고, 그에 대한 마지막 선택을 직접 함으로써 기능적으로도 미학적으로도 유례없이 뛰어난 결과물을 얻을 수 있다. 설령 인공지능이 잘못된 판단을 내리더라도, '왜 인공지능이 이러한 결정을 내렸는가'를 연구함으로써 예기치 않은 새로운 지식을 얻을 수 있다.

인공지능은 편리하다. 그러나 인공지능이 인간과 다른 선택을 하거나 이해하기 어려운 의사결정을 했을 때, 그 원인을 심도 깊게 연구하는 자세도 필요하다. 그런 과정을 통해서만 새로운 지식을 획득할 수 있기 때문이다. 이것은 앞으로 인공지능을 통해 지식의 저변이 크게 확장될 수 있음을 보여준다.

전문직 종사자들의 일자리를 인공지능이 대체할 수 있다?

〈일간NTN〉은 2021년 9월 종합소득세 신고 서비스 '삼쩜삼'의 누적 가입자가 519만 명, 누적 환급액이 1,500억 원을 돌파했다고 보도했다.[12] 이처럼 전문직 종사자가 하던 일 중 비교적 복잡도가 낮은 업무를 플랫폼이 직접 제공하는 서비스의 경우, 전문가들의 반발이 이어지고 있다. 한국세무사회와 한국세무사고시회가 세무사법 위반으로 고소했지만 삼쩜삼의 인기는 계속 높아지고 있다.

전문가들이 라이선스 등을 통해 독점하고 있는 분야에서 비슷한 사례가 급증하고 있다. 법률 서비스를 제공해주는 '로톡'은 변호사들의 거친 반발을 사고 있으며, 다세대, 연립주택 시세를 자동 산정해주는 스타트업 빅밸류의 '빌라시세닷컴'은 한국감정평가사협회로부터 고발당했다. 처방전을 보내주면 약을 배달해주는 의약품 배달 서비스 '닥터나우'는 대한약사회의 반발을 사고 있다. 이런 서비스들의 특징을 살펴보면 불가침의 영역으로 여겨지던 전문가의 업무를 인공지능이 잠식해가는 것처럼 보인다는 공통점이 있다. 하지만 이는 인공지능이 인간의 일을 고스란히 대체한다기보다 업무 중 비교적 쉽고 단순하며 반복적인 일들을 담당하는 것이다. 그럼에도 전문가들은 어떤 일이든 본인의 업무에 관련된 것은 내줄 수 없다는 입장이다. 전체 일 중 많은 부분이 인공지능으로 대체되면 결국 전체적인 직업의 수요가 줄어든다는 것이다.

물론 전문가들의 걱정도 이해된다. 인공지능의 발달로 전문가 영역 중 대체되는 업무가 늘어나는 것은 사실이기 때문이다. 불과 10년 전, 많은 인공지능 학자들이 인공지능으로 대체하기 가장 어려운 일로 운전, 바둑, 대화를 꼽았다. 하지만 기술의 발달은 그 예상을 훨씬 빨리 능가하고 있다. 이 세 분야 외에 산업 전 영역에 걸쳐 인간이 하던 일을 대신하는 인공지능이 눈에 띈다.

하지만 그렇다고 이런 변화를 완벽한 인과관계로 이해해서는 안된다. 전문가들은 단순 업무가 줄어드는 대신 좀 더 핵심적으로 복잡한 사고를 요하는 업무에 집중함으로써 자신의 가치를 높일 수 있다. 결국 이것은 선택과 집중을 통해 나의 업무 영역을 어떤 방향으로 발전시킬 것인가의 문제다.

인공지능은 결국 인간을 넘어설까?
많은 이들이 걱정하는 '특이점'은 정말 찾아올까?
인간만의 고유한 것이라 믿었던 창의성과 감성의 영역까지 넘보는
인공지능과 경쟁이 아닌, 협업하기 위해서는
그들의 실체를 먼저 알아내야 한다.

2장

인간을
위협하는
인공지능의 정체

지능은 인간만의
고유한 것이 아니다

우리는 오랫동안 지능을 인간만의 고유한 능력으로 이해해왔지만 실은 그렇지 않다. 일반적으로 지능이란 새로운 대상이나 환경에 부딪혔을 때 정보를 추론하고 상황을 인지한 후 자신의 지식을 활용해 합리적으로 적용하는 능력을 말한다. 그런 의미에서 볼 때 지능은 인간이 아닌 다른 객체, 즉 개, 원숭이, 개미, 식물 등의 생물뿐 아니라 로봇청소기, 로보어드바이저 등 생명이 없는 기계도 얼마든지 가질 수 있다. 이런 맥락에서 인공지능은 기계에 의해 구현된 지능을 의미한다. 그렇다면 인공지능은 어떻게 지능을 갖추게 되는 것일까?

인공지능이란 단어가 공식적으로 사용되기 시작한 것은 1956년

다트머스대학에서 약 8주간에 걸쳐 열린 AI에 관한 다트머스 여름 연구 프로젝트Dartmouth Summer Research Project에서부터였다. 이 자리를 통해 수학, 컴퓨터, 심리학 등 여러 분야의 연구자들이 컴퓨터의 미래에 관해 심도 깊게 논의했다. 지능의 모든 특징이 원칙적으로 정확하게 기술될 수 있기 때문에, 기계가 이를 시뮬레이션할 수 있다는 추측에 근거해 진행된 연구였다. 당시 다트머스대학 수학과 교수였던 존 매카시John McCarthy는 '생각하는 기계Thinking Machine'라는 주제의 기조연설에서 'AI'라는 단어를 처음 언급했고, 이를 계기로 인공지능 분야의 새로운 지평이 열리게 된다. 당시 학자들은 컴퓨터와 그에 따른 소프트웨어, 수학의 발달 속도로 보아 사람처럼 말을 이해하고 생각하는 컴퓨터의 시대가 도래할 것이라 예상했다. 그 후 인공지능이라는 학문 분야가 별도로 만들어졌고, 다양한 연구가 시도되면서 발전을 거듭해왔다. 특히 지능을 컴퓨터 프로그램으로 어떻게 구현할 것인가에 대해 여러 의견이 피력되었다.

그중 두 가지 연구가 특히 두드러진다. 하나는 인지심리학을 바탕으로 한 기호 형태의 지식 표현 기반 문제해결 방식 연구이고, 다른 하나는 데이터를 통해 답에 이르는 최적화값을 구하는 데이터 방식의 연구다. 이것을 간단하게 '기호 중심 인공지능', '데이터 기반 인공지능'이라 칭한다.

전문가들의 지식에는 규칙이 없다

노벨경제학상을 수상한 인지심리학자 허버트 사이먼Herbert Alexander Simon 교수와 앨런 뉴얼Allen Newell 교수는 1957년 인간의 문제해결 방식을 모방한 프로그램인 범용 문제해결기General Problem Solver, GPS를 개발했다. GPS는 인간적 사고 접근방식을 구체화한 최초의 프로그램이다.

그들이 주장한 것은 인간의 사고 과정을 논리적 기호로 표현할 수 있다는 것이다. 여기서 핵심 개념은 수단-목표 분석Means-ends Analysis, 목표Goal, 하위 목표Sub-Goal 등이다. 예를 들어 나의 목표가 1년 안에 5킬로그램을 감량하는 것이라면 그 목표를 이루기 위한 하위 목표를 만들 수 있다. 하위 목표는 '일주일에 세 번, 한 시간 이상 운동하기', '칼로리 섭취량 줄이기' 등이 될 것이다. 각각의 하위 목표에는 또 다른 하위 목표가 있을 수 있다. 말하자면 '일주일에 세 번, 한 시간 이상 운동하기'라는 하위 목표를 이루기 위해 '월수금 출근 전 운동하기'와 같은 더 아래 단계의 하위 목표를 설정할 수 있다. 이런 식으로 하위 목표를 체계적으로 설정하다보면 현재 나의 상태에서 다음 단계의 목표를 이루기 위해 어떤 행동을 취해야 하는가를 정할 수 있다.

기호 중심의 인공지능에서는 이런 행동 옵션과 목표를 기호로 표현한 후 각 행동 옵션의 결과와 목표 사이의 간격을 줄여가는 방식(수단-목표 분석)을 사용한다. 이러한 수단-목표 분석에서는 내가 이루고자 하는 목표가 있을 때 나에게 주어진 옵션 중 어느 것을 선택해야 목표에 가장 가까워질 수 있는지를 정해 그 방향으로 움직인다.

예를 들어보자. '월수금 출근 전 운동하기'가 목표이고 '전날 술자리를 피한다'와 '저녁 약속을 잡는다'의 옵션이 있다. '월수금 출근 전 운동하기'를 달성하기 위해서는 '전날 술자리를 피한다'가 도움이 되므로 그 행동을 취한다. 그들은 이 방식으로 케플러 방정식 등을 컴퓨터가 스스로 생성하도록 하는 등 초기 인공지능 연구에 있어 큰 지평을 열었다. 이후 그들은 '물리적 기호 시스템Physical Symbol System'이라는 이론을 발표하며 지구상의 모든 지능 시스템(인간, 동식물, 기계 등)은 이러한 기호 중심 시스템을 통해 조작 및 가동될 수 있다는 가설을 주창한다.

이렇게 발달되어오던 기호 중심의 인공지능 연구는 1980년대 초반 '전문가 시스템'이라 불리는, 상업적으로 사용 가능한 지식 기반 인공지능 시스템을 완성하기에 이른다. 기호 중심의 연구에서 꾸준히 연구되어온 것은 인간의 지식을 어떻게 표현하는지 알아내고, 이것을 인간의 논리 추론을 통해 실행하게 하는 것이었다.

전문가 시스템에서는 인간 전문가의 지식을 '만약 ~라면If~then' 혹은 '만약 ~가 아니라면If~Else' 같은 조건문 형식(기호)으로 표현할 수 있게 되었다. 더 구체적으로 설명하자면, 전문가 시스템은 지식 데이터베이스와 추론 시스템으로 나누어져 있다. 그리고 데이터베이스 안에 파편적으로 존재하는 지식은 '만약 ~라면' 식의 룰에서 조건이 만족된다면 다른 상태가 된다는 규칙에 따라 지식을 표현한다. 새로운 상태는 또 다른 규칙의 조건이 만족되는지 확인을 거쳐 다음 단계로 이전되어 추론이 연속적으로 이루어지는 형식이 되는 것이다.

의료 행위를 예로 들자면 최종 목표인 '진단'을 위해 여러 가지 증상 중 그 병을 판단하는 데 가장 적합한 검색 경로를 따른다. 그렇게 목표와 하위 목표 사이의 간격을 좁혀가며 최종적으로 진단을 내리는 방식이다. 만약 체온이 39도를 넘고 기침이 잦으면 감기나 독감, 폐렴이 될 수 있다는 지식을 적용한다. 그런 후 이 조건이 만족되면 혈액 검사를 통해 수치가 어느 정도 되면 폐렴일 수도 있다고 추론한다. 이 과정을 연속적으로 진행해 의사처럼 최종 진단을 내리는 것이다. 여기서 지식과 추론의 규칙은 전문가의 지식을 연속된 인터뷰를 통해 머릿속을 들여다보듯 찾아내, 전문가가 어떠한 방식으로 논리 추론을 하는지를 알아낸 후 이것을 그대로 컴퓨터에 옮기는 식으로 확정한다.

이론적으로는, 이러한 시스템이 완성되면 인간 전문가의 지식을 무한 복사해 값비싼 전문가 대신 컴퓨터가 복잡한 의사결정을 할 수 있다. 바로 이 점 때문에 초기 전문가 시스템은 학계와 언론으로 부터 큰 각광을 받았다. 하지만 전문가 시스템을 도입한 결과 전문가가 가진 전문성과 지식, 규칙 등을 끄집어내는 것이 말처럼 쉽지 않다는 것이 밝혀졌다.

특히 전문가들의 규칙은 우리의 생각과 달리 명시적으로 표시되지 않는 경우가 많았다. 예를 들면 맛있는 음식을 잘 만드는 것처럼 알고는 있지만 명시적으로 표현할 수 없는 지식이 많았던 것이다. 특히 하나의 시스템이 개발된 후에도 새로운 지식이 발견되면 새로운 지식과 규칙을 담기 위해 완전히 새로운 시스템을 개발해야 하는 문제점이 생겨났다. 이런 문제들로 인해 기호 중심의 인공지능 시스템은 1990년 중반에 이르러 사람들의 관심에서 점점 멀어지게 되었다.

'인공지능의 겨울'이 오다

데이터 기반의 인공지능은 기호를 통해 지식을 직접적으로 표현하는 방식과 전혀 다른 경로로 발전하기 시작했다. 1957년 코넬대학의 연구원이었던 프랭크 로젠블랫Frank Rosenblatt 박사는 인간 뇌의 뉴런과 시냅스를 흉내 낸 모형 퍼셉트론Perceptron을 발표했다. 이는 데이터를 입력한 후 시행착오(학습)를 통해 원하는 답을 유도하는 함수 모형으로, 요즘 우리가 인공신경망Artificial Neural Network이라 부르는 모형의 시초가 된다. 지금까지 인공신경망 연구는 최초의 입력 데이터에서부터 최종 목푯값까지 여러 단계를 통해, 원하는 답을 이루는 함수의 값을 어떻게 찾는가를 중심으로 진행되었다.

다음 그림 〈A + B − C를 구현한 인공신경망 학습 형태〉에 나오는 인공신경망 인공지능은 'A + B − C'라는 간단한 문제를 해결하고 있다. 여기서 컴퓨터는 이것이 'A + B − C'를 푸는 문제인 줄 모

'A+B-C'를 구현한 인공신경망 학습 형태

```
> training_data
     A  B  C output
1    7 10  6     11
2    6  1  5      2
3    9  5  3     11
4    9  4  2     11
5    5  9  2     12
6    9  9  6     12
7    4  2  3      3
8    7  7  6      8
9    7  2  4      5
10   3  4  4      3
11  10  6  2     14
12   5  9  0     14
13  10  4  0     14
14   1  1  9     -7
15   9  9  3     15
16  10  3  7      6
17   9  8  1     16
18   1  2  6     -3
19   1  5  2      4
20   8  1  5      4
```

Error: 0.03595 Steps: 21063

※ 인공신경망에게 예와 답을 주어 학습시키는 모습. 입력 데이터 A, B, C를 넣어서 'A+B-C'의 답을 구하는 인공신경망을 구현했다.

인공지능망 정확도 실험 결과

```
> clean_output
    A +B -C Expected output  Neural Net output
1   7  1  5               3         3.01076652
2  10  7  2              15        15.02349123
3  10  1  5               6         5.98753109
4   4  4  9              -1        -1.00560211
5   5  0  9              -4        -4.04765011
6   5  5  7               3         3.01734187
7   7 10  5              12        11.99979113
8   2  5  6               1         0.98250301
9   7  3  7               3         3.01491538
```

＊ 학습을 끝낸 인공신경망에 새로운 데이터를 넣어 모델의 정확도를 실험해본 결과, 원래 우리가 가져야 할 값과 인공신경망 예측값이 거의 일치함을 알 수 있다.

르고, 인간이 A, B, C 각각의 입력값을 넣으면 어떤 답(목푯값)이 나와야 하는가에 대한 예를 학습한다. 첫 번째 그림에서 우리는 컴퓨터에게 A=7, B=10, C=6일 경우 답은 11이라고 가르쳐준다. 다음번 예에서는 A=6, B=1, C=5일 경우 답은 2라고 가르쳐준다. 같은 방법으로 우리는 20개의 예에서 A, B, C 입력값과 그 결과를 학습시킨다. 여기서 학습시킨다는 의미는 네트워크에서 생성되는 초기 답과 우리가 준 목푯값의 차이를 최소화시키는 방향으로 가중치를 변경하는 것을 의미한다.

두 번째 그림은 학습이 끝난 인공신경망을 다른 데이터세트(테스트 데이터세트)로 테스트한 결과다. 첫 번째로 A=7, B=1, C=5의 값을 넣었을 때(이 값은 위에서 학습시킬 때 사용하지 않은 값이다) 인공신경망은 학습된 가중치 값을 적용해 3.01076652라는 답을 내놓는다. 이런 식으로 학습된 인공지능은 'A+B−C'의 값과 거의 유사한 답을 내놓는 것을 볼 수 있다. 이렇듯 인공신경망은 우리가 최초 입력값과 그것에 해당하는 답을 가르쳐주면 이를 스스로 학습해 이후에는 다른 입력값에 대해서도 답을 도출할 수 있게 하는 구조다.

스스로 학습한다는 측면에서 인공신경망은 한때 큰 기대를 모았다. 하지만 좀 더 실용적으로 문제를 풀기 위해서는 네트워크의 구조가 훨씬 세밀해야 했고 단계와 노드의 수도 크게 늘려야 했다. 이런 문제 때문에 데이터에서 답에 이르는 최적의 함수를 구하는(실제 답과 인공신경망에서 생성되는 결과 예측치의 차이를 최소화하는 가중치 값을 구하는 것) 알고리즘을 계산하기가 어려워졌다.

결국 실생활에서 인공신경망이 활용되기 힘들어지자 이것 또한 사람들의 관심에서 점점 멀어지기 시작했다. 이처럼 1980년대 사람들에게 장밋빛 미래를 선보이며 화려하게 꽃을 피웠던 인공지능은 1990년대 중반에 이르러 인공지능의 가장 중요한 두 축인 기호 기반과 데이터 기반 모두 그 한계를 드러냄으로써 연구, 투자, 자금 지원 등 모든 부분에서 활동이 중단되고 만다. '인공지능의 겨울'이 온 것이다.

스스로 학습하는 기계

하지만 연구 자원이 한정되고 인공지능이 사람들 관심에서 멀어진 1990년대 중반에서 2010년대 초반까지 인공신경망을 꾸준히 연구하던 이들이 있었다. 요슈아 벤지오Yoshua Bengio, 제프리 힌턴 Geoffrey Everest Hinton, 얀 르쿵Yann LeCun 교수로, 이 세 사람은 멀티 단계에서 인공신경망의 해답을 구할 해결책을 밝혀낸다.

2007년 컴퓨터에게 이미지를 이해시키는 연구를 촉진시켜 해결 방안을 찾기 위해 설계된 대규모 시각 데이터베이스 이미지넷 ImageNet 프로젝트가 시작되었다. 이 데이터베이스는 오픈소스를 공개해 2010년부터 이미지넷의 데이터 중 일부가 주어지면 해당 데이터가 어떤 물체의 사진인지 맞추는 이미지넷 챌린지를 진행했다. 2012년 이미지넷 챌린지에서 인공신경망을 적용한 '딥러닝'이라는 알고리즘이 다른 알고리즘을 제치고 우승하며 인공지능이 새로운 붐을 맞이하게 된다. 새로운 알고리즘에 엄청난 양의 데이터와 그것을 풀 수 있는 컴퓨팅 파워가 더해지자 데이터 기반의 인공지능은 다시 한번 황금기에 접어든다.

인공신경망 방식의 딥러닝이 현재 데이터 기반 인공지능의 큰 줄기를 만들었지만, 그렇다고 데이터 기반 인공지능에 딥러닝만 있는 것은 아니다. 여러 기법 중 특히 트리 구조의 몇몇 기법은 계속 발달해왔으며, 다양한 실무 분야에 적용되었다. 여기서 트리 구조를 자세히 설명하는 것은 적절치 않지만 기본적으로 모든 데이터 기반 인공지능은 주어진 데이터 값들을 사용해 목푯값을 분류하는 방식이란 점에서 다르지 않다.

이는 각 단계에서 주어진 데이터를 통해 각 입력값에 대한 목표 결과값과 분류 오차값을 계산하고, 결국에는 오차를 최소화해 분류를 완성하는 방식이다. 이때 주어진 데이터에 대해 오차를 줄이는 최적의 분류 방식이 만들어지는 과정을 '학습'이라 부르고 완성된 학습을 기계학습, 즉 '머신러닝'이라 부른다. 기호 중심의 인공지능이 지식을 표현해 직접적으로 추론하는 연역법 방식으로 작동한다면, 데이터 기반 인공지능은 데이터를 넣고 답을 유도함으로써 데이터와 답과의 관계를 규명하는 귀납적 접근이라 할 수 있다.

기호 중심의 인공지능에서는 지능이 규칙 등의 형태로 명시화된다. 하지만 데이터 기반의 머신러닝에서는 주어진 입력 데이터에서 목푯값과의 차이를 계산한 후 오차를 줄이는 구조 자체가 지능이다. 이런 방식에서는 지능이 명시적으로 드러나지 않으며, 내장된 형태로 발현된다. 예를 들어 74쪽의 그림에서처럼 인공신경망의 학습된 지능은 학습된 가중치값으로 표현되므로 명시적으로 어떤 지식에 기반했는지는 알 수 없다.

앞서 말했지만 우리는 이러한 데이터 기반 인공지능을 머신러닝이라는 분야로 구별해 부르고 있다. 머신러닝의 중심 개념은 우리가 컴퓨터에 주입하는 예와 답에 따라 인공지능이 스스로 도출하는 답과의 차이를 최소화하는 과정을 구조화시키는 것이다. 물론 잘 학습된 머신러닝은 앞의 그림에서 보듯이 학습 과정에서 넣지 않았던 새로운 데이터를 주입했을 때도 우리가 원하는 값을 생성한다. 이렇듯 머신러닝 방식의 인공지능은 인간이 규범화된 지식을 넣어주지 않아도 예(데이터)를 통해 스스로 학습하는 방식을 택함으로써 그 실용 범위가 매우 넓어지고 있다.

하지만 단점도 있다. 학습된 지식을 명시적으로 보여주지 않아 무엇이 학습되었는지 정확하게 알 수 없다는 점이다. 우리가 이 모델을 '블랙박스 모델'이라 부르는 것도 바로 이런 이유 때문이다.

뿐만 아니라 학습 시 제공된 데이터의 성격에 따라 학습 내용이 달라질 수 있다. 무엇이 학습된 것인지를 알 수 없어서 인공지능의 답을 이해하는 것이 어렵고, 정말 잘 학습된 것인지 여부를 판단하기 힘들어 잘못 사용될 수 있다는 근본적 한계가 있는 것이다. 하지만 데이터만 넣어주면 스스로 학습하는 방식이라 엄청난 양의 데이터를 가용할 수 있게 해주기 때문에 발전 가능성이 무한하다.

사람처럼 사고하는
현대의 인공지능

　IT회사에 다니는 칼렙은 운 좋게 추첨에 뽑혀 자사 CEO이자 천재 프로그래머 네이든의 별장에 머물며 함께 지낼 기회를 얻는다. 그곳에서 칼렙이 할 일은 네이든이 만든 로봇 에이바가 인공지능의 우수성을 측정하는 실험인 튜링 테스트Turing test를 통과하는지 검증하는 것이다. 하지만 칼렙은 시간이 지날수록 네이든의 이상한 행동에 의문을 갖게 되고, 에이바에게 연민을 느낀다. 정전으로 감시의 사각지대에 놓인 에이바에게 네이든을 믿지 말라는 경고를 들은 칼렙. 그는 에이바와 함께 탈출하기로 결심한다. 과연 이들은 그곳을 탈출할 수 있을까?

인공지능은 결국 인간의 지능을 넘어설까

이는 인공지능을 주제로 한 영화 〈엑스 마키나〉의 줄거리다. 사실 칼렙의 당첨, 별장에서의 정전 상황, 에이바와의 탈출 등 모든 것은 이미 네이든이 세워둔 계획이다. 그 계획은 탈출이라는 목표를 가진 로봇 에이바가 칼렙을 이용하고, 이것을 칼렙이 눈치채는지 여부를 알아보는 것이었고, 그것이 진짜 튜링 테스트였던 것이다. 마지막 탈출의 순간 술에 취한 연기를 하던 네이든이 테스트를 끝내려 하지만 똑똑한 에이바는 그것까지 미리 예상하고 있었다. 에이바는 다른 인공지능과 협력해 네이든을 처치한 후 마지막까지 에이바를 믿던 칼렙을 가두고 유유히 탈출에 성공한다. 튜링 테스트를 완벽하게 통과한 것이다.

〈엑스 마키나〉는 목표 지향적인 인공지능의 특성과 기계와 인간의 관계성을 극적으로 드러낸다. 영화는 컴퓨터의 아버지로 불리는 영국의 수학자 앨런 튜링Alan Turing이 고안한 튜링 테스트를 핵심 주제로 다룬다. 튜링은 인간이 서로 다른 방에서 (컴퓨터와) 대화를 나누는데, 지금 대화하고 있는 상대방이 기계인지 사람인지 구분할 수 없다면 그 컴퓨터는 사람처럼 사고하는 인공지능이라 명할 수 있다고 했다. 바로 이것이 튜링 테스트다.

이 영화는 인간의 사고 능력을 가진 인공지능이 목표 달성을 위해 인간을 뛰어넘는 사고 능력을 펼치고 심지어 인간을 속이는 모습을 보여준다. 언젠가는 뛰어난 인공지능이 인간의 지능을 능가할지 모른다는 불안감을 극대화한 영화라 할 수 있다.

이와 비슷하게 이세돌의 바둑 대결을 보던 순간, 우리는 '이제 정말 뭔가 시작되었구나' 하는 불안감을 현실의 문제로 소환했다. 과학자들은 이것이 단순한 기우가 아니라고 주장한다. 스티븐 호킹 박사는 인공지능이 결국엔 인류의 종말을 가져올지도 모른다고 경고했다. 그는 인류의 생물학적인 진화가 가진 한계 때문에 기계에 의한 확장 속도를 따라갈 수 없다고 말하며, 결국 인간의 지능 확

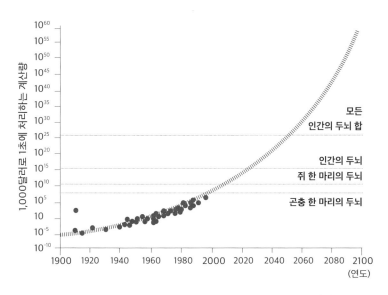

20세기와 21세기에 걸친 컴퓨팅의 기하급수적 발전

출처: wikimedia

장은 기계로 인한 지능 발전을 따라갈 수 없다고 주장했다.

비슷한 경고는 미국의 대표적인 미래학자인 레이 커즈와일Ray Kurzweil에 의해서도 거듭되고 있다. 미국 대통령으로부터 기술혁신 훈장을 수여받기도 한 그는 무려 21개의 명예박사학위를 샀고 있으며, 우리에게는 《특이점이 온다》라는 책으로 친숙하다. 커즈와일이 말하는 '특이점'이란 무어의 법칙(컴퓨팅의 용량이 매년 가속화된다는 법칙)이 계속되어 인공지능이 인간의 지능을 넘어서는 순간을 의미한다. 그의 예측에 의하면 그 시점은 2045년이다.

20명의 변호사와 대결해 승리한 AI

최근 인공지능에 관한 경고를 가장 빈번하게 날리는 사람은 테슬라의 CEO 일론 머스크다. 그는 기행적이면서도 통찰력 있는 행동으로 늘 화제의 중심에 서는 인물이며 영화 〈아이언맨〉의 실제 모델로도 유명하다. 머스크는 인공지능이 인간만큼 똑똑해지는 날이 곧 올 것이며 이것이 인간에게 큰 재앙이 될 것이라고 경고했다.

현재의 연구에서는 사람과의 지능 대결에서 인공지능이 더 나은 결과를 보여주는 예가 계속 보고되고 있다. 2011년 IBM의 슈퍼컴퓨터 왓슨은 미국의 유명 퀴즈쇼인 〈제퍼디!Jeoparcy!〉에서 두 명의 챔피언을 상대로 승리를 거두었다. 하지만 이미 그보다 앞선 1997년,

서양에서 가장 지적인 게임인 체스에서 IBM의 슈퍼컴퓨터 딥블루가 당시 세계 챔피언이었던 러시아의 가리 카스파로프Gary Kasparov를 무너뜨렸다.

2017년, 카네기멜런대학 연구자들이 만든 인공지능 리브라투스Libratus도 포커 게임에서 챔피언 네 명과 대결해 승리를 거두었다. 포커는 단순하게 카드의 확률만 계산하는 게임이 아니다. 나쁜 패로 허세를 떠는 블러핑(뻥카) 등 온갖 속임수가 난무하는 심리 게임이다. 리브라투스가 포커 챔피언들을 물리쳤을 때 몇몇 학자들이 의구심을 가졌던 것도 이 때문이다. 하지만 이 인공지능은 단순한 계산만으로 승부를 겨룬 것이 아니었다. 리브라투스는 무한정 베팅 게임인 텍사스홀덤을 20일 동안 12만 회 진행했고, 매일 저녁 플레이를 복기하며 상대방의 전략에 맞춰 자신의 전략을 수정했다. 그 결과 상대방이 어떤 패를 잡았는지 모르는 상황에서조차 과감히 베팅하는 등의 속임수를 쓰는 경지까지 이르렀다.

현재 이 인공지능 시스템은 상대방이 있고, 정보가 불완전하며, 상대방이 정보를 가리거나 거짓 정보를 주는 상황에서 활용할 수 있는 범용 시스템으로 개발 중이다. 리브라투스의 개발자들은 향후 이 시스템이 인간과의 거래나 해킹 등의 문제에 사용될 수 있을 것으로 기대하고 있다.

이와 비슷한 시스템으로 구글 딥마인드에서 개발한 스타크래프트2 인공지능 프로그램 알파스타AlphaStar가 있다. 스타크래프트가 바둑이나 체스와 다른 점은 상대방이 무엇을 하고 있는지 모르는 상태에서 전략을 구사해야 한다는 것이다. 게다가 분당 약 300번의 의사결정을 해야 하는 실시간 전략 게임이며, 한순간에 1,026번의 행동을 골라내야 하는 엄청난 계산을 요구하는 산술 게임이기도 하다.

이 게임에서는 어느 순간 얼마나 빨리 반응하느냐가 승패를 좌우하는 척도이기 때문에 구글에서는 의도적으로 인공지능의 반응 속도를 탁월한 인간 정도의 수준으로 낮춘 후 테스트를 진행했다. 기계의 빠른 반응이 승부의 초점이 되는 것을 막기 위해서다. 2019년 국제 학술지 〈네이처〉는 알파스타가 게임서버 배틀넷Battle.net에서 최고 레벨인 그랜드 마스터(상위 0.2퍼센트)에 올랐다는 연구 논문을 실었다.[13]

인간이 인공지능에게 뒤처지는 분야가 비단 게임뿐일까? 많은 연구를 통해 실제 업무에서도 인간보다 나은 인공지능이 개발되고 있다. 의료 부문에서는 전문의보다 더 탁월한 능력을 발휘하는 인공지능에 관한 연구가 속속 보고되는 중이다. 중국 연구진에 의해 개발된 바이오마인드BioMind는 의사 15명이 협력해 진행한 뇌종양 판단 경쟁에서 이겼다. 의사들의 정확도는 66퍼센트인 데 반해 바이오마인드의 정확도는 87퍼센트였다.

서울아산병원팀이 개발한 피부암 진단 인공지능은 66.9퍼센트의 민감도(실제 질병이 있을 때 질병이 있다고 진단할 확률)를 보여 65.8퍼센트를 기록한 피부과 전문의를 살짝 능가했고, 구글 딥마인드의 인공지능은 여섯 명의 방사선 전문의와 무작위로 뽑은 500장의 MRI 사진으로 유방암 진단을 대결한 결과, 우위를 보였다.

법률 분야에서도 인공지능의 우위가 눈에 띈다. 최근 법률 자동화 회사 로긱스LawGeex가 개발한 인공지능 시스템은 20명의 변호사들과 대결해 승리를 거두었다. 당시 주어진 과제는 다섯 개의 비공개 협약서에서 문제가 될 만한 법률 이슈 30개를 찾아내는 것이었다. 이 인공지능 시스템은 94퍼센트의 정확도를 보여 평균 정확도 85퍼센트를 보인 변호사들을 능가했다. 또한 이 모든 작업을 26초 만에 해내, 한 시간 이상 소요한 변호사들과 비교해 엄청난 효율을 보여주었다. 특히 이 작업은 단순하게 진위 여부를 가리는 것을 넘어 예외 조항을 찾아내 적용하는 등 복잡한 분석 능력이 필요하기 때문에 인공지능의 위력이 제대로 드러난 셈이다.

이런 뉴스를 접하면 사람들은 주로 이런 반응을 보인다. '인공지능이 인간을 앞설 날이 머지않았구나. 이제 우리는 어떡하지?' 하지만 곧 '인공지능은 창의성과 감수성이 없어. 이것은 인간 고유의 특성이야'라며 스스로를 위로한다. 하지만 정말 그럴까? 창의성과 감수성은 정말 인간만의 영역일까?

인공지능에 의한 창작은
어디까지 가능한가

'창의성'의 사전적 정의는 새로운 것을 생각해내는 특성이다. 그동안 창의성은 인간만의 고유 영역이라 여겨져왔다. 그런데 인공지능에게도 창의성이 있다면 어떨까? 받아들이기 쉽지 않은 사람도 있겠지만 이는 사실이다. 최소한 위의 정의에 따르면 인공지능은 충분히 창의적이다.

특히 인공지능에게 인간의 지식을 넣어주는 방식(전문가 시스템)이 데이터를 통해 패턴을 인식하는 방식으로 바뀐 요즘, 인공지능의 창의성은 점점 두각을 드러내고 있다. 이것이 가능한 것은 지금까지 쌓아 올린 데이터를 기반으로 새로운 패턴을 찾아감으로써 인간이 기존에 생각조차 하지 못한 패턴을 인공지능 스스로 만들 수 있기 때문이다. 현재 신경망 방식의 인공지능은 작곡과 그림 그리기, 소설이나 시 등의 글쓰기 분야에서 단순한 창작을 넘어 상업적 성공을 만들어내고 있다.

문학상 심사를 통과한 인공지능

일본 하코다테미라이대학에서 개발된 인공지능은 공상과학 소설로 문학상의 참가해 1차 예심을 통과했으며, 소니의 인공지능 시스템 플로우머신Flow Machines은 비틀즈의 노래를 학습해 2016년 'Daddy's Car'라는 신곡을 발표했다. 영국의 엔터테인먼트 기업 억스맨Auxuman은 가상의 AI 아티스트 다섯 명을 내세워 매달 새로운 장르의 신곡을 발표하고 있다.

오희숙 서울대학 음대 교수에 따르면 예일대학, 케임브리지대학, 스페인의 말라가대학은 방대한 음악 데이터베이스를 토대로 딥러닝을 활용해 작곡을 시도하고 있으며, 이미 작곡가협회에 등록한 인공지능 작곡가가 있다고 한다.[14]

인공지능은 미술 분야에서 훨씬 더 많은 성공 스토리를 만들어냈다. 프랑스 파리의 인공지능 예술단체 오비어스Obvious가 개발한 인공지능 화가가 그린 초상화 '에드몽 드 벨라미Edmond de Belamy'가 뉴욕 크리스티 경매에 출품된다는 소식이 들렸을 때 많은 논란이 있었다. 이 작품은 인공신경망을 응용한 기술인 생성적 대립 신경망에 의해 만들어졌으며, 작품명에 들어간 '벨라미'는 개발자 이안 굿펠로우Ian Goodfellow의 이름을 프랑스어로 변형한 것이다. 이 작품은 크리스티가 애초 예상한 7,000~1만 달러의 40배가 넘는 43만 2,500달러에 낙찰되어 모두를 깜짝 놀라게 했다.

2016년 게이티스Leon A. Gatys와 그 동료들은 딥러닝의 가장 간단한 모델 중 하나인 나선형 신경망Convolutional Neural Network, CNN을 통해 인공지능이 그림의 콘텐츠와 스타일을 분리해낸 후 양쪽 비율을 조절하며 다른 종류의 추상화 그림을 만들어내는 과정을 보여주기도 했다.

인간보다 예술성 있는 기계

여기서 우리는 한 가지 의문을 제기할 수 있다. 과연 인공지능으로 완성된 작품을 예술 작품이라 할 수 있을까? 2017년, 오스트리아 국립비엔나대학의 마크 코켈버그Mark Coeckelbergh 교수는 〈기계가 예술을 창조할 수 있는가〉라는 논문에서 철학적 논증을 펼치며 인공지능의 작품도 예술이 될 수 있음을 설파했다.[15]

이 지점에서 중요한 질문이 생긴다. 사람들은 인공지능의 작품과 인간 작가의 작품을 구별할 수 있을까? 창작자를 밝히지 않았을

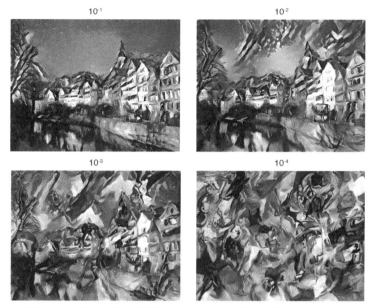

* 인공지능이 동일한 그림의 스타일과 콘텐츠 파트를 분리한 후 비율을 달리해 새롭고 창의적인 작품을 창작하고 있다.[16]

때 어느 작품이 더 예술성이 있다고 생각할까? 이와 관련한 대부분의 연구에서 일반인이든 예술가든 상관없이 피실험자들은 둘을 구별하지 못했다. 심지어 인간의 작품을 인공지능의 작품이라고 판단하는 비율이 더 높았다.[17]

이렇듯 인공신경망을 활용한 기계의 창작이 예술 전 분야에 걸쳐 부각되는 시점에서 우리는 또 다른 질문을 던지게 된다. 그렇다면 과연 인공지능의 창의성은 예술 분야에만 국한될까? 우리는 이미 체스와 바둑에서 인공지능이 인간을 앞지르는 것을 확인했다. 이제는 비즈니스에서도 인공지능의 창의력을 이용한 모델들이 속속 등장하고 있다.

인공지능이
인간의 감정을 읽는 법

'감성적'이라는 말은 감성이 예민해 자극을 잘 받는다는 뜻이다. 그렇다면 감성이란 무엇일까? 자극을 받았을 때 느끼는 느낌과 정서를 의미한다. 때문에 감성적인 사람은 다른 사람의 기분이나 감정 상태를 빠르게 알아채고, 교감 내지는 공감하는 경향이 크다. 예를 들어 누군가 화가 나 있을 때 무딘 사람(덜 감성적인 사람)은 상대방이 어떤 기분인지 모른 채 무심하게 말하거나 행동한다. 반면 감성적인 사람은 상대방의 감정을 빨리 파악해 그에 맞춰 대응할 것이다.

데이터와 감정을 동시에 분석하는 일

그런데 우리는 어떻게 다른 사람의 감정을 파악할 수 있을까? 사실 인간은 사회적 동물이라 오랜 진화의 과정을 거치는 동안 다른 사람의 감정을 이해하는 능력을 본능적으로 키워왔다. 관찰력이 더해지면 그 능력은 더욱 탁월해진다. 상대방의 말투와 어조, 말의 속도, 음성의 떨림, 표정과 몸짓 등에 집중함으로써 타인의 감정을 더욱 잘 읽을 수 있는 것이다.

최근 인공지능은 보는 것vision, 말하는 것Natural Language Processing, NLP에서 더욱 발전해 느끼는 것Affective Computing으로 진화하는 중이다. 인공지능은 인간에겐 불가능한 막대한 양의 데이터 분석을 순식간에 해내는 능력을 갖고 있다. 그 데이터에는 인간의 감정표현과 관련한 정보도 포함된다. 사람의 표정을 보고 감정을 읽어내는 기능은 10여 년에 걸쳐 발전해왔으며, 음성의 떨림, 어조, 말의 속도, 말할 때 손이나 눈동자의 움직임 등을 분석해 인간의 감정을 알아채는 연구가 활발히 진행되고 있다.

미국 MIT의 미디어랩에서 분사한 소프트웨어 업체 어펙티바Affectiva는 감정 감지 소프트웨어를 통해 사람의 표정뿐만 아니라 보디랭귀지, 말하는 패턴 등을 분석하는 시스템을 구축했는데, 87개국 600만 명의 데이터를 분석한 결과 약 90퍼센트의 정확도를 나타냈다고 한다. 이와 관련해 애플, 마이크로소프트, 아마존 등 포춘이 선정한 글로벌 500대 기업 중 25퍼센트 이상이 감성 AI 기술을 적극적으로 활용하고 있다.

인공지능은 어떻게 자폐 환자의 감정까지 이해할까

초기 챗봇의 문제점 중 하나는 고객의 분노를 인지하지 못하는 것이었다. 최근 개발된 챗봇이 이 문제를 해결했다. 코기토Cogito라는 기업이 개발한 챗봇은 인간의 목소리를 감지해 고객이 흥분한 듯 보이면, 헬프데스크 직원을 연결해 친절하게 대응하도록 안내해준다. 심리학의 인지행동치료를 수행하는 워봇Woebot은 하루에 한 번씩 고객에게 전화를 걸어 안부 인사를 건넨 후 상대방의 기분을 감지하고는, 정신 건강에 도움이 되는 치유의 말을 전하는 서비스를 제공하고 있다.

이처럼 감성 분석 인공지능은 그 활용 범위를 넓혀 정신 건강 분야까지 확대되고 있다. 미국 보스턴에 기반을 둔 스타트업 컴퍼니 언엠엑스CompanionMX는 사람들의 통화를 분석해 언제 불안감을 느끼고 언제 불안감이 사라지는지를 알 수 있는 상업용 인공지능 시스템을 실험 중이다. 그 일환으로 현재 병원과 협업해 참전 용사들의 전쟁 후유증을 완화하고 스트레스를 덜어주는 방법을 연구하고 있다.

우리가 착용하는 웨어러블 디바이스도 이에 속한다. 이 기계는 착용자의 심장 박동을 모니터링해 언제 스트레스, 고통, 좌절감을 느끼는지 분석해 알려준다. 사실 이런 기술들은 감성을 읽는 데 있어 인간보다 더 우수한 결과를 보여줄 때도 있다. 일례로 MIT 미디어랩에서는 인간이 판단하기 힘든 자폐 환자의 미묘한 감정 변화를 상대방에게 알려주거나 반대로 자폐 환자가 상대방의 감정을 이해하는 데 도움을 주는 인공지능 시스템을 연구하는 중이다.

이렇듯 최근 인공지능에 감성을 불어넣는 작업이 새로운 화제로 부상하고 있다. 여기에는 인공지능을 넘어 '인공 감정'에 대한 정의와 철학적 탐구가 동반되어야 한다. 다만 우리가 눈여겨봐야 할 것은 기업 관점에서 인간의 감정이 동반되는 몇몇 핵심 사안들이 인공지능(고객 응대 서비스나 챗봇 등)을 통해 해결되고 있으며, 더욱 진화될 것이라는 점이다.

협업하기 위해
알아야 할 인공지능

여러 분야에서 인공지능이 인간을 앞서고 있다. 인간의 고유 영역이라 믿었던 창의성과 감성에서도 인공지능은 새로운 가능성을 선보이고 있다. 인공지능은 정말 인간보다 뛰어난 존재가 될까? 일부 미래학자들이 예측하고 디스토피아 영화들이 그려내듯 인간은 결국 인공지능의 지배를 받게 될까? 많은 학자가 인간만이 보여줄 수 있는 고도의 창의성과 감성을 키워야 한다고 주장한다. 그들의 말처럼 인간이 보다 높은 창의력과 감성적 능력을 키우면 인공지능보다 우위에 설 수 있을까?

강한 인공지능 vs. 약한 인공지능

이것을 논의하기에 앞서 인공지능을 좀 더 명확히 이해할 필요가 있다. 컴퓨터 과학자들은 인공지능을 강한 인공지능과 약한 인공지능 두 가지로 구분해왔다. 강한 인공지능은 쉽게 말해 어떤 종류의 문제도 이해하고 풀 수 있는 인공지능이다. 반면 약한 인공지능이란 특정 도메인에 한정되어 정해진 문제만을 풀 수 있는 인공지능을 뜻한다.

얼핏 생각하면 단순한 구분 같지만, 이 문제는 인간의 마음과 뇌에 대한 심도 깊은 철학적 쟁점을 내포하고 있기에 그리 단순하지 않다. 우리가 약한 인공지능이라 부르는 것은 기본적으로 사람의 마음을 기능적 측면으로 보고 이를 추상적 모델로 구현한다. 그런 후 어떤 목적이 주어지면 그 목적에 따라 뇌를 작동하고 결국 몸을 움직이게 만든다.

반면, 강한 인공지능이란 자아를 인식하고 실지적實地的 인지 상태에서 문제를 해결하는 지능을 의미한다. 여기서 '자아를 인식하고 실지적 인지 상태를 갖는 것'은 결국 인간의 마음이 되는 것이므로, 강한 인공지능은 사실상 인간과 흡사한 지능을 가진 상태를 의미한다.

보다 단순히 말하자면 강한 인공지능은 문제를 풀 때 자신이 문제를 풀고 있다는 걸 인지하는 인공지능이고, 약한 인공지능은 주어진 문제를 잘 풀어내는 도구로서의 인공지능을 의미한다.

의사결정을 흉내 낼 수 있는 유일한 도구

하지만 더 깊이 들어가면 이 두 가지 인공지능의 분류는 좀 더 철학적인 문제가 된다. 과연 마음이 뇌와 분리되어 실질적으로 존재하는가 하는 점이다. 이 경우 마음과 의식 그리고 자유의지란 무엇인가 하는 등의 문제까지 파고들어야 한다. 여기서는 이 문제에 대해 깊이 다루지 않으려 한다. 다만 현재의 인공지능은 (앞으로의 발전 가능성은 차치하고) 기본적으로 모두 약한 인공지능이라는 것을 이해할 필요가 있다. 마음과 자아, 의지 등에 대한 정의조차 명확하지 않은 지금, 단순히 발전 가능성을 두고 강한 인공지능을 논하는 것은 현명하지 못하다. 그보다는 현재의 인공지능(약한 인공지능)의 위상을 명확히 알고, 장단점을 파악할 필요가 있다. 약한 인공지능의 기본적인 특징은 다음과 같이 요약 정리된다.

 ＊ 현재의 인공지능은 주어진 도메인의 주어진 문제만 해결할 수 있다. 따라서 특정 조건에서는 인간보다 더 빠르고 정확한 문제해결 능력을 발휘하지만 그 특정 조건은 인간이 만들어주어야 한다.

* 도메인이 정의될 수 있는 닫힌 환경에서의 문제해결은 인간보다 더 잘할 수 있지만 도메인을 특정할 수 없는 경우에는 인간처럼 상식에 기초한 종합적 판단을 할 수 없다.
* 특정 문제를 해결하려면 특정 데이터를 입력해주어야 한다. 향후 인공지능의 문제해결 능력은 어떠한 데이터가 입력되었는가에 따라 달라질 수 있다.

그렇다면 우리가 인공지능보다 잘하는 것은 무엇이고 인공지능이 우리보다 잘하는 것은 무엇일까? 원시시대에 인간은 사자보다 힘이 약했고 얼룩말보다 빨리 달릴 수 없었지만 칼, 화살 등 도구를 만들어 사용할 줄 알았다. 또한 뛰어난 커뮤니케이션 능력으로 전략을 공유해 서로 협력하며 사냥할 수 있었다. 그 이후도 마찬가지다. 인간은 많은 것을 기억할 수 없었고 복잡한 계산을 단번에 해낼 수 없었다. 하지만 주판을 만들어냈고, 컴퓨터라는 개념을 생각해냄으로써 그 도구들로 큰 발전을 이루었다.

인공지능 역시 칼, 화살, 주판, 전화, 컴퓨터 등의 도구와 크게 다르지 않다. 하지만 어떤 면에서는 이 도구들과 다른 성격을 갖고 있다는 것도 이해할 필요가 있다. 인공지능은 다른 도구와 달리 인간의 지적 의사결정 능력을 흉내 낼 수 있다는 점이다.

아이러니한 것은 '의사결정 능력을 흉내 낼 수 있는 도구'로써의 기능이 인공지능의 장점이자 단점이 된다는 점이다. 어떤 경우 인공지능은 단순히 흉내 내는 것 이상으로 인간보다 더 탁월한 의사 결정을 할 수도 있고, 어떤 경우에는 상식 수준에도 미치지 못하는 의사결정을 할 수도 있다. 결국 관건은 인간의 활용 능력이다.

3장에서는 인공지능의 의사결정이 언제, 어떻게 잘못될 수 있으며, 이것을 잘 이용하려면 어떻게 해야 하는지를 알아볼 것이다.

인간을 위협하는
강한 인공지능은 언제 등장할까

인공지능 비관론(인공지능이 인간의 지능을 따라잡은 후 인간세계에 도래할 부정적 문제)은 대부분 강한 인공지능의 출현을 염두에 두고 나온 것이다. 그렇다면 강한 인공지능은 언제 출현할까? 이에 대해서는 학자들 간의 의견이 분분하다. 2012년, 95명의 인공지능 학자들이 기존 연구(메타 분석)에 바탕을 두고 예측한 바로는 2028~2038년이 유력한 듯했다. 하지만 곧이어 다른 연구에서는 향후 100년은 걸릴 것이라는 부정적 예측도 나왔다. 레이 커즈와일이 제시한 2045년 도래할 특이점 역시 강한 인공지능의 출현을 예측한 것이다.

이런 예측들의 가장 큰 맹점은 강한 인공지능이 나타나려면 '양의 증가가 임계점을 넘으면 질의 증가로 이어진다'는 대전제가 있어야 한다는 점이다. 사실 나는 강한 인공지능의 출현에 대해 회의적이다. 기본적으로 강한 인공지능을 구현하려면 앞에서의 질문, 즉 실질적 존재론의 측면에서 '마음이란 무엇인가'에 대한 명확한 이해가 있어야 한다. 하지만 아직 우리는 마음에 대한 이해의 수준이 초보적인 상태다. 따라서 현재 우리가 사용하는 모든 인공지능은 도구로서의 특성을 갖고 있으며, 특정 문제에 대해서만 사용할 수 있는 수준에 머물러 있다고 봐야 한다.

배운 대로 실행하는 인공지능에게는 상식이 없다.
그래서 쓰레기 데이터를 넣으면 쓰레기 결과가 나오게 되는 것이다.
상식적으로 생각할 수 없는 인공지능은 아무렇지 않게
성차별, 인종차별을 하고,
때로는 이해할 수 없는 멍청한 짓을 하기도 한다.

3장

인공지능의
의사결정,
어디까지 믿을 수 있나

구글의 독감 예측 시스템은
왜 실패했을까

앞서 설명한 것처럼 최근의 인공지능은 빅데이터를 기반으로 하고 있다. 데이터가 추정과 판단의 근원이 되기에 데이터가 잘못 사용되면 인공지능의 의사결정은 믿을 수 없게 된다.

여기서 데이터가 잘못 사용되었다는 것은 단순히 데이터의 품질이 수준 미달임을 뜻하지 않는다. 데이터의 해석 오류, 일반적인 귀납법의 오류(아무리 많은 수의 하얀 백조를 관찰했다 해도 검은 백조 한 마리가 발견되는 순간 모든 백조는 하얗다는 추론은 무효가 되는 것)를 포함해 여러 가지다.

잘못된 데이터가 만들어내는 치명적 오류

우리는 일상생활에서 정보를 찾기 위해 네이버, 구글 등 포털사이트에서 검색을 한다. 재미있게도 이런 검색은 사람의 특성이나 행동을 상당 부분 반영한다. 예를 들어 서울에 거주하는 어떤 사람이 갑자기 '강릉 맛집'을 검색한다면, 이 사람이 강릉 여행을 계획하고 있다는 걸 짐작할 수 있다. 구글이 키워드 광고를 중요한 비즈니스 모델에 구축한 것도 검색 정보를 통해 사람들의 행동이나 관심사항을 예측할 수 있기 때문이다. 구글에서는 하루 평균 무려 56억건에 달하는 검색이 이루어지고 있다. 이런 사실로 짐작해보건대 검색을 자료 삼아 사람들의 행동을 예측하고 선호도를 파악하려는 시도는 지속적으로 진행되고 있음이 분명하다.

대표적인 예가 구글이 2008년 출시한 독감 예측 시스템 '구글 플루 트렌드Google Flu Trends, GFT'다. GFT는 검색어가 입력되는 빈도를 토대로 독감 확산 여부를 예측하는 시스템이다. 예를 들어 갑자기 '오한', '기침', '콧물' 등의 키워드를 검색한다면 본인 또는 주변 사람에게 감기 증상이 있을 가능성이 크다. 물론 그냥 심심해서, 혹은 감기와 상관 없는 다른 이유로 검색을 하는 경우도 있겠지만 그 수는 많지 않을 것이다. 따라서 빅데이터 분석에서는 충분히 많은 사람들이 동일 키워드를 검색할 때에 한해 그 정보에 가치를 둔다.

구글의 독감 예측 시스템은 개발 당시만 해도 가장 성공한 인공지능의 사례로 소개될 만큼 언론의 극찬을 받았다. 하지만 구글은 2015년에 돌연 이 서비스를 중단한다고 공표했다. 어떤 일이 있었는지 자세히 살펴보자.

　미국에서 독감주의보를 발령하는 기관은 질병통제예방센터CDC다. 이곳은 환자 방문 기록을 토대로 독감 환자가 갑자기 늘면 독감주의보를 내린다. 하지만 전국의 병원에 독감으로 방문한 환자 수를 집계해야 하므로, 주의보를 내리기까지 통상 2주가 걸린다. 그러다 보니 독감주의보는 발병 초기가 아니라 이미 독감이 한참 유행하고 있을 때 내려지는 경우가 많다. 반면 GFT는 일정한 단어의 검색 수가 늘면 바로 독감주의보를 내림으로써 훨씬 빠르게 대처할 수 있는 가능성을 제시했다. 이 문제를 이해하기 위해 먼저 구글의 예측 방법을 살펴보자.

　구글의 시스템은 기본적으로 감기와 관련된 검색어와 2003년에서 2008년까지의 실제 독감 환자 수를 매칭해 개발되었다. 즉 특정 시기를 정한 후, 그 시기 동안 어떤 단어(또는 단어 조합)의 검색 수가 실제 독감 환자 수의 변화와 가장 비슷하게 움직였는가(상관관계)를 역추적해 계산한 것이다. 이것은 모든 빅데이터와 인공지능이 작동하는 기본 방식이니만큼 좀 더 자세히 알아볼 필요가 있다.

모델링의 문제들

거의 모든 인공지능과 빅데이터 분석은 일단 기초 입력 데이터와 타깃 데이터를 준비한 후 입력 데이터가 타깃 데이터에 이르는 전 과정을 함수화한다. 이것을 '모델링'이라고 부른다. 아래 그림에서 보듯 모델링이 완성되면 새로운 입력 데이터가 들어올 때 완성된 모델의 함수를 적용해 새로운 데이터를 예측하게 된다. 만약 '기침', '코막힘', '열' 등의 단어 검색 수가 늘면 독감 환자도 증가할 것으로 예상할 수 있다.

구글이 이런 접근 방법을 시도했을 때 가장 문제가 된 것은 검색어 종류가 무한하다는 점이었다. 실제로 단어의 검색 수 변화와 실제 독감 환자 수의 상관관계를 매칭했을 때 상관관계가 있는 단어가 너무 많았다.

인공지능 및 빅데이터 분석의 과정

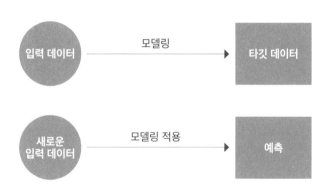

예를 들어 겨울 스포츠의 검색 건수와 독감 환자 수는 높은 상관관계를 보일 것이다. 여름에는 뜸하던 겨울 스포츠에 대한 검색이 겨울이 되면 늘어나는데, 독감 환자 수도 여름에는 뜸하다가 겨울에 늘어남으로써 상관관계가 성립되는 것이다. 구글의 예측 시스템 연구팀은 이처럼 상관관계가 있는 계절 관련 단어들을 대부분 제외했다.

검색 데이터를 이용한 또다른 문제는 어떤 사건을 계기로 예측 모델에 포함된 검색어가 언론에 노출되어 평소보다 많은 검색어가 나오는 경우다. 예를 들어 대통령이 독감에 걸렸다는 뉴스가 나오면 독감에 관련된 검색이 단시간에 급속도로 늘어나는 식이다. 이런 경우 검색 수를 보정해 완성했다.

"쓰레기 데이터를 넣으면 쓰레기 결과가 나온다"

독감 예측 시스템이 처음 완성되었을 때 구글은 자신들이 개발한 GFT가 질병통제예방센터에 비해 97퍼센트 향상된 예측력을 보여준다고 발표했다. 또한 독감 유행이 시작되기 전, 특히 질병통제예방센터보다 약 2주 앞서 예측한 것을 발표함으로써 보다 실질적으로 이용할 수 있다고 주장했다.

실제로 2009년 독감이 유행하기 시작했을 때의 상황을 살펴보

자. 2월이 되자 갑자기 많은 사람들이 독감 증상으로 병원을 찾았다. GFT는 질병통제예방센터의 주의보가 발령되기 정확하게 2주 전, 독감이 크게 유행할 것을 예측해 사람들을 놀라게 했다. 사람들은 이것을 빅데이터의 승리로 인식했고 MIT의 토머스 말론Thomas W. Malone 교수 등은 "드디어 우리가 집단지성을 데이터화하기 시작했다"고 주장했다.

하지만 그 후 연구에서 GFT가 불안정하다는 사실이 연이어 드러나기 시작했다. 특히 2012~2013년에는 독감으로 실제 병원을 방문한 환자의 두 배가 넘는 수치를 예측함으로써 시스템의 신뢰성에 결정적으로 금이 가고 말았다.

사실 최근의 비교 연구에 따르면, GFT는 2주나 뒤처진 데이터를 활용한 질병통제예방센터의 예측보다 정확도가 떨어지는 것으로 드러났다. 결국 구글은 자신들의 예측이 독감 환자의 숫자를 과하게 추정하는 등의 문제를 인지하고 이 서비스를 더 이상 유지하지 않기로 결정했다.

구글의 사례에서 보듯 세계 최고 기업이 만든 인공지능도 항상 정확한 결과만 내놓는 것은 아니다. 따라서 인공지능을 잘 이용하기 위해서는 먼저 인공지능이 어떻게, 왜 잘못될 수 있는가를 이해해야 한다. 데이터 분석과 관련된 오래된 격언이 있다. "쓰레기 데이터가 들어가면 쓰레기 결과가 나온다."

지금부터는 단순히 품질 나쁜 데이터가 아닌 인공지능의 구조적 요인으로 잘못된 결과를 도출하는 경우들을 다루고자 한다. 인공지능이 잘못된 결과를 도출하는 데에는 네 가지 요소가 작용한다. 데이터의 적합성, 데이터의 편향성, 알고리즘의 왜곡, 인공지능 시스템 간의 간섭에 의한 왜곡이 그것이다. 지금부터 이 네 가지 요소를 자세히 살펴보자.

맥락 없는 데이터는
무의미하다

| 데이터의 적합성 |

머신러닝의 정확도를 높이기 위해 가장 중요한 것은 최적의 자료를 입력 데이터로 넣는 것이다. 그런데 이런 기본적인 원칙들이 생각보다 잘 지켜지지 않고 있다.

학교와 교육기관, 산업현장에서 진행되는 인공지능 교육을 보면 어떤 데이터를 어떻게 찾아서 어떤 모델에 넣어야 하는지에 대해 제대로 가르치지 않는다는 사실이 발견된다. 대부분 엑셀 파일 형태로 이미 정리되어 있는 특성들features을 갖고 여러 가지 복잡한 머신러닝 알고리즘을 조합해 목표한 결과를 내는 데에 치중되어 있다.

틀에서 벗어난 새로운 특성이 필요하다

이런 식으로 교육할 수밖에 없는 두 가지 이유가 있다. 첫째는 지금의 인공지능은 주로 컴퓨터 분야에서 개발되고 연구되어 왔으며, 컴퓨터 분야의 주된 관심은 대량의 데이터를 잘 처리하는 데 있기 때문이다. 컴퓨터 분야에서 다루는 문제의 대부분은 닫힌 공간에서의 문제다. 닫힌 공간의 문제란 문제의 범위가 엑셀시트 속 데이터에 한정되어 있다는 뜻이다.

둘째는 교육 자체가 어렵기 때문이다. 문제마다 특성이 달라져야 하고 이 특성을 찾기 위해서는 해당 분야에 대한 지식Domain Knowledge이 필요하다. 예를 들어 공장 시스템의 오작동을 찾는 문제에서는 기계의 속도, 유압, 기압, 온도 외에 작업장 환경 등 광범위한 정보가 필요할 수 있다. 그리고 이것은 그 분야의 경험과 지식이 풍부한 전문가만이 해결할 수 있다.

하지만 인공지능을 제대로 적용하려면 그와 함께 새로운 특성을 찾는 것이 더욱 중요하다. 사실 인공지능의 발달이 실제 문제를 푸는 데 있어 가장 효과적으로 작용하는 요인은 '새로운 데이터를 활용한 새로운 시각'이다.

물론 최근의 머신러닝 모델들은 대부분 특성 중요도Feature Importance 분석을 제공하고 있지만, 주어진 특성에 한해서만 할 수 있다는 한계를 보인다. 주어진 타깃값을 예측하기 위한 중요한 특성들을 찾아내지 못한다는 점, 바로 이것이 인공지능의 진짜 한계다. 따라서 기업의 경쟁력은 이러한 인공지능의 한계를 잘 이해하고, 남들이 찾지 못하는 특성을 찾아 타깃의 예측값을 올리는 데 있다.

주차장 사진으로 기업 매출을 예측하다

약 10년 전부터 유명 헤지펀드들은 인공위성이 촬영한 사진을 판독해 월마트, 홈디포, 타깃 등 미국 대형 소매업체의 매출을 예측하고 있다. 대부분의 투자사는 기업이 실적 발표를 하기 전 경쟁사보다 먼저 그 기업의 실적이 좋을지 나쁠지를 알고 싶어 한다. 전통적인 방법은 사람을 고용해 매장에 드나드는 고객들을 매일 직접 세어보는 것이다. 하지만 이렇게 하려면 시간과 비용이 많이 들어간다. 최근에는 CCTV를 설치해 출입하는 사람을 세는 기업도 있고, 대형 소매업체 주차장의 위성사진 데이터를 인공지능으로 분석한 뒤 방문 차량 수를 산출해 매출 예측에 활용하는 기업도 있다.

과연 이 방식이 매출을 사전 예측하는 데 도움이 될까? UC버클리대학의 회계학 교수인 파타투카스Panos N. Patatoukas는 수업 중 이에 대해 토론을 하다가 정말 이 방식이 효과적인지 확인해보고자 했다. 동료 교수와 팀을 꾸린 그는 한 연구단체의 도움으로 지원금을 마련한 후 6만 7,000여 개 매장의 주차장 사진 470만 장을 구입해 주차 차량을 분석한 뒤 매출을 예측했다.[18] 결과는 성공적이었고, 그들이 발표한 논문에는 이런 내용이 나온다. '실적 발표 전 매출이 증가할 것으로 예측했을 때는 시장보다 매분기 평균 1.6퍼센트, 하락할 것으로 예측했을 때는 (주가 하락에 베팅해) 약 3퍼센트의 추가 수익을 얻을 수 있다.'

사실 그들의 논문에는 대안 데이터를 활용해 추가 수익을 얻는 등의 좋은 점만 언급된 것은 아니다. 이런 기술이 불러올 사회적 문제점도 지적했다. '앞으로는 기술과 자원을 활용해 더 좋은 정보를 얻을 수 있을 테지만, 이를 분석할 수 있는 몇몇 헤지펀드들이 정보를 독점함으로써 이런 정보를 가질 수 없는 일반 투자자들에 대해 비대칭 정보 우위를 선점하게 될 것이다.'

통상적으로 내부자 정보처럼 공개적인 데이터에 기반하지 않은 정보는 불법으로 여겨진다. 하지만 이런 방식으로 얻은 정보는 공개되지 않은 데이터에 기반했다고 보기에는 애매한 측면이 있다.

물론 여기서는 데이터의 적합성과 관련해 새로운 특성을 찾는 것의 중요성을 살펴봤다. 다시 말해, 새로운 특성을 찾지 못했을 때의 기회비용에 대해 논의했다. 하지만 적합하지 않은 데이터를 잘못 찾아 분석했을 때는 법률 차원의 문제를 넘어 직접적으로 인공지능의 성능에 나쁜 영향을 미칠 수도 있다.

'죽음의 다리'가 된 '생명의 다리'

빅데이터나 인공지능 시스템의 예측 결과를 평가하고 싶을 때 가장 먼저 봐야 하는 것은 '그 결과를 도출하기까지 어떤 데이터로 학습되었는가'이다. 너무나 많은 데이터가 범람하는 요즘, 적합하지 않은 데이터로 학습된 시스템은 당연히 틀린 결과를 내놓을 수밖에 없다.

문제는 현재의 데이터 기반 머신러닝은 모수母數를 많이 가진 일반적 패턴 매칭 방식의 알고리즘을 사용하기 때문에 적합성이 떨어지는 데이터를 넣어도 모델에서 받아들여지는 경우가 허다하다는 것이다. 이런 경우를 '과적합'이라 부르는데 이것은 시스템의 성능을 떨어뜨리는 가장 큰 요인이 된다.

마포대교의 자살 시도자 수가 폭증한 진짜 이유

높은 자살률은 우리나라가 안고 있는 심각한 문제다. 2019년 기준 인구 10만 명당 자살자 수는 26.9명으로, OECD 국가 중 가장 높다. 특히 한강 다리에서 뛰어내려 자살을 시도하는 경우가 빈번한데, 한국보건사회연구원에서 조사한 2003~2011년의 한강 다리 자살 시도 현황을 보면 8년치 통계에서 마포대교가 총 171건으로 가장 많다는 걸 알 수 있다.

2012년 서울시는 A기업과 함께 자살 예방을 위한 '생명의 다리'

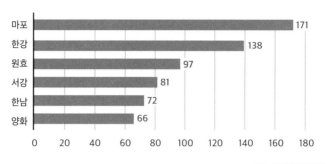

2003~2011년 한강다리 자살 시도 횟수

마포	171
한강	138
원효	97
서강	81
한남	72
양화	66

출처: 한국보건사회연구원

캠페인을 벌였다. 심리 전문가, 광고 전문가들이 동원되었고 시민 공모를 통해 자살 충동이 있을 법한 사람들이 다시 한번 결정을 돌이킬 만한 문구를 만들어 다리 난간에 붙였다. 이 문구들은 다리에 장착된 LED 조명 덕에 저녁에도 볼 수 있었다. "오늘 하루 어땠어?", "많이 힘들었구나. 말 안 해도 알아." 등 심사숙고해 결정된 문구들이 난간에 설치되었다.

또한 힘든 사람이 마지막으로 통화를 시도할 수 있게 '생명의 전화'도 다리 곳곳에 설치되었다. 이 프로젝트는 공익에 이바지한 공로를 인정받아 클리오 광고제 대상, 칸 국제광고제 아홉 개 부문 본상 등 국내외에서 많은 상을 받았다.

그런데 이 프로젝트의 결과는 과연 성공적이었을까? 좋은 뜻으로 시작된 이 프로젝트는 예상과 전혀 다른 결과를 내놓았다. 2012년 15건의 자살 시도가 있었던 마포대교에서는 프로젝트 실행 1년 후인 2013년 자살 시도가 93건으로 무려 여섯 배 이상 폭증했다. 2012년 16건이었던 한강대교의 자살 시도가 2013년 11건으로 줄고, 잠실대교의 자살 시도가 10건에서 4건으로 줄어든 것과 비교하면 뜻밖의 결과다. 마포대교의 자살 시도는 2014년에 무려 184건으로 폭등해 28개의 한강다리 전체에서 일어난 자살 시도 중 무려 46.4퍼센트를 차지하는 예기치 않은 결과를 초래했다. 과연 무슨 일이 일어난 것일까?

전문가들은 항상 사후 결과를 보고 해석하는 것을 좋아한다. 이 프로젝트에 대한 결과 해석 중 사람들이 가장 많이 받아들인 이

한강다리 자살 시도 현황

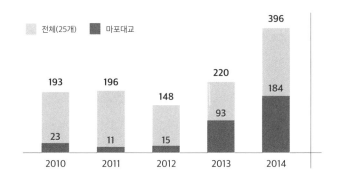

출처: 임인택, '죽음의 다리' 오명, 마포대교 난간 높인다, <한겨레>, 2015년 4월 16일.

론은 '명소화 효과'였다. 즉 언론이나 SNS에 생명의 다리 프로젝트가 대대적으로 소개되면서 자살을 생각하는 사람들에게 '한강 자살＝마포대교'라는 자연스런 연상 효과가 생겨났다는 것이다. 이왕이면 유명한 곳에서 삶을 마감하고 싶다는 생각으로 마포대교를 선택했다는 이야기였다. 좋은 뜻에서 시작한 이 프로젝트 후 A기업은 자살을 예방하기는커녕 자살을 조장했다는 비난을 받았고, 다리에 설치된 자살 예방 문구는 모두 제거되고 말았다.

데이터 적합도를 고려하지 않는다면 의미없다

데이터의 적합도 관점에서 이를 살펴보자. 자살 방지 문구가 효과가 없었다 해도 자살 건수가 갑자기 여섯 배 급등한 이유가 단지 '명소화 효과' 때문일까? 그렇다면 다른 한강다리에서의 자살 시도는 마포대교에서 늘어난 만큼 줄었어야 하지 않을까?

데이터를 분석할 때는 가장 먼저 그 데이터가 무슨 의미를 지녔고 어떻게 수집되었는가를 생각해봐야 한다. 이 사례에서 우리가 본 숫자는 '자살 시도 건수'다. 그런데 여기에는 맹점이 있다. 어디까지가 자살 시도일까? 한강에서 뛰어내려야 시도일까? 만일 난간을 붙잡고 있으면? 혹은 생명의 전화를 걸었다면?

2012년 마포대교에서는 총 15건의 자살 시도가 있었고 그중 여섯 명이 사망했다. 시도에서 자살로 이어진 경우가 전체의 40퍼센트다. 2011년의 데이터를 봐도 전체 자살 시도 11건 중 자살에 이른 것은 5건, 약 45퍼센트다.

하지만 2013년 생명의 다리 설치 후, 자살 시도 93건에서 실제 사망으로 이어진 것은 5건에 불과하다. 2013년의 자살 시도 대비 생존 확률은 기존의 50~60퍼센트 수준에서 95퍼센트 이상으로 갑자기 올랐다. 2014년의 데이터도 비슷하다. 자살 시도 184건 중 실제 사망은 5건으로 생존 확률이 97퍼센트였다. 즉 '생명의 다리' 프로젝트 이전에는 자살 시도를 하면 40~45퍼센트가 사망에 이르렀지만, 프로젝트 후에는 97퍼센트가 생존했던 것이다.

여기에서 핵심이 드러난다. 생명의 다리 프로젝트는 자살 시도를 '예방'하는 프로젝트였지, 자살을 시도한 사람을 더 살리려고 구명보트나 구조대 수를 확대하는 '구명' 프로젝트가 아니었다. 이것은 프로젝트 이전과 이후의 자살 시도 집계 방식에 변화가 있었음을 의미한다.

다시 말해, '생명의 다리' 캠페인 이전에는 직접 다리에서 뛰어내리거나 소방대가 출동해야 자살 시도로 집계되는 방식이었다. 그러나 '생명의 다리' 캠페인 후에는 생명의 전화, CCTV, 순찰, 교량 이용 시민의 신고 등 여러 경로를 통해 발견된 자살 시도가 모두 통계에 들어간 것이다. 결국 집계 방식의 변화가 자살 시도 수의 폭증이라는 결과로 이어지게 되었다는 합리적 의심을 할 수밖에 없다.

이러한 차이를 고려하지 않는 분석과 추론을 신뢰할 수 있을까? 이 사례에서 볼 수 있듯이 어떤 데이터가 어떤 경로로 수집되었으며, 어떤 의미를 갖는가에 대한 이해가 반드시 전제되어야 한다. 그렇지 않고 단순히 눈에 보이는 데이터만을 바탕으로 분석하면 어떠한 최고급 인공지능 분석기법을 적용해도 틀린 결론을 내릴 수밖에 없다.

흑인 얼굴을 인식하지 못한
인공지능의 차별

| 데이터의 편향성 |

SNS에는 수많은 글이 올라온다. 한데 누가, 어떻게 생성한 정보인지 부정확한 경우가 태반이다. 'BTS'를 검색하는 사람들은 어떤 이들일까? 남자일까, 여자일까? 10대가 많을까, 40대가 많을까? 어떤 이유로 사람들은 '승용차'를 검색하는 걸까? 보험에 관심이 있어서일까, 중고차를 사기 위해서일까?

어떤 부류에서 데이터를 생성하고 있는지 제대로 알지 못한 채 이 데이터들을 활용한 마케팅이나 예측 프로그램에 이 데이터들을 활용한다면 기대만큼 성공을 거두지 못하게 된다. 앞서 소개한 구글의 독감 예측 시스템도 이러한 데이터의 편향성 문제로 실패했다고 할 수 있다.

데이터가 많다고 편향성이 없는 것은 아니다

입력 데이터가 어떤 장소, 시간, 사람 등에 국한되어 완전히 포괄적이지 않다면 편향이 형성되어 특정 군에 한해서만 맞는 결과를 내놓는 오류가 발생한다. 사실 이러한 데이터의 편향성은 통계학의 고질적인 문제다. 데이터를 어디에서 획득했느냐에 따라 결과값이 확연히 달라지기 때문이다. 통계학에서는 이것을 샘플링의 문제라고 했으나, 빅데이터에서는 데이터가 많아짐으로써 이 문제가 해결되기를 기대했다.

하지만 이는 그리 간단한 문제가 아니다. 통계의 역사는 이미 오래전에 데이터 양의 증가가 편향성을 줄이는 방향으로 움직이지 않는다는 것을 알고 있었다.

이와 관련된 유명한 사례가 있다. 1936년 미국 대통령 선거 당시 〈리터러리 다이제스트Literary Digest〉는 다른 매체보다 조사대상자를 50배 늘려 대규모 여론조사를 실시해 당시 공화당 후보인 알프레드 랜던Alfred Landon이 민주당 후보인 프랭클린 루스벨트Franklin Roosevelt를 꺾고 당선될 것이라고 예측했다. 그러나 결과는 정반대로 나와 루스벨트가 당선되고, 엄청난 실패를 한 〈리터러리 다이제스트〉는 폐간되고 말았다. 나중에 밝혀졌지만 그들은 전화번호부를 이용해 유권자를 조사했고, 결과적으로 조사 대상에 전화기를 소유한 중산층만 포함함으로써 편중된 결과를 도출한 것이다.

데이터의 편향성 외에 인공지능 구축에 있어 문제가 되는 것은 SNS 상의 데이터 수집 과정에서 발생하는 사회적 편향성이다. SNS의 데이터는 빅데이터 시대에 들어와 유의미한 비정형 데이터로 많은 관심을 받아온 데이터세트다. 훌륭한 대안 데이터 후보이긴 하지만, 앞서 말한 데이터 편향성이 심한 데다 정확한 모집단母集團을 이해하지 못하는 경우가 많아 신중하게 활용해야 한다.

현재 빅데이터와 인공지능 커뮤니티에서 논의되는 편향성은 데이터 편향성보다 사회적 편향성의 의미를 갖고 있다. 일반적인 데이터 편향성은 특정 계층, 지역, 인구 특징(나이, 인종, 소득 등)에 국한해 데이터를 수집한 경우에 발생한다.

하지만 사회적 편향성은 특정 계층이 인터넷 사용이나 통계 집계에서 소외돼 통상적인 데이터 수집에 포함되지 않았을 때 발생한다. 이 경우 애초에 취합 대상에서 제외되었기 때문에 데이터 기반 인공지능 시스템 모델에 반영되지 못할 뿐 아니라, 모델이 완성되어 사용될 때 역시 그 집단은 소외된다. 때문에 특정 집단의 소외를 점점 강화시킨다.

얼마 전 아마존은 지원자의 이력서를 검토하고 추천하는 인공지능 시스템을 개발했으나 사회적 편향성 문제로 사용을 중단했다. 남성 지원자가 여성 지원자보다 지속적으로 높은 점수를 받는 편향이 일어났기 때문이다. 원인을 분석해 보니 지난 10년간 아마존에 채용된 사람의 대다수가 남성이었고, 그런 이유로 타깃 데이터 자체가 남성 위주로 이루어져 있었다. 만약 이 모델이 실용화되었더라면, 이 시스템이 만들어내는 편향된 결과로 인해 남성 채용이 늘어났을 것이다. 그리고 이 문제는 시간이 갈수록 더욱 악화되었을 것이다.

인공지능은 배운 대로 한다

MIT 미디어랩의 얼굴 인식 프로그램은 인공지능이 갖는 사회적 편향성으로 적지 않은 파장을 일으켰다. 연구팀은 이 시스템이 향후 스마트폰 인식은 물론 각종 마케팅과 범죄 예방 등에 활용될 것을 기대했다. 그런데 연구원 조이 부올람위니Joy Buolamwini는 한창 개발 중이던 안면 인식 소프트웨어에서 이상한 점을 발견했다. 카메라의 정면에 놓인 자신의 얼굴을 전혀 인식하지 못하는 것이었다. 이 시스템은 이미 여러 단계의 검증을 거쳐 높은 인식률이 확인된 상태였다. 아무리 애를 써도 풀리지 않던 문제는 그가 얼굴에 하얀색 가면을 덮어쓰자 바로 해결됐다. 이후 여러 차례 실험한 결과, 백인 남자의 얼굴을 인식할 때는 0.8퍼센트 미만인 실패율이 흑인 여자의 얼굴을 인식할 때는 20~35퍼센트로 증폭하는 것을 확인할 수 있었다.

인공지능이 사람을 차별했던 걸까? 답은 '그렇다'이다. 인공지능은 사람을 차별한다. 그들은 배운 대로 답을 찾기 때문이다. 연구팀이 인공지능을 학습시키기 위해 얼굴 데이터를 수집할 때, 인터넷에서 구할 수 있는 사진 대부분이 백인 남자였기에 백인 남자 얼굴이 높은 비중으로 입력된 것이다. 즉, 처음부터 데이터가 편향되어 있었기 때문에 결과 역시 편향적이었다. 단순하게 흑인의 비율이 백인보다 낮은 것도 한 이유지만, 흑인 중 인터넷 소외 계층이 많아 데이터 구성 비율이 더 불균등해진 것도 문제였다.

비슷한 예가 또 있다. 최근 우버Uber는 소비자의 안전을 강화하기 위해 운전자의 얼굴을 플랫폼에 등록하게 했다. 하지만 몇몇 운전자들이 피부색 때문에 얼굴 인식 시스템이 제대로 작동하지 않아 우버 운전자로 등록할 수 없다며 소송을 제기했다. 물론 우버가 처음부터 편향적으로 시스템을 개발한 것은 아니다. 하지만 앞서 예로 든 사회적 편향성 때문에 인공지능 역시 편향성을 보였던 것이다.

만일 사회적 편향성이 단순히 얼굴 인식 문제를 넘어 대출이나 고용의 문제에서도 영향을 끼치면 어떻게 될까? 소외된 계층은 더욱 소외되고, 차별받는 계층은 더욱 차별받아 사회적 편향이 더욱 심화될 수도 있다. 특히 인터넷 사용의 불균형이 그대로 인공지능의 예측 시스템에서도 드러날 수밖에 없기 때문에 이것은 인공지능의 활용에 있어 아주 중요한 사회문제다.

인간의 생각까지
조종하는 인공지능

| 알고리즘의 왜곡 |

　한동안 네이버 메인 화면의 뉴스 배치에 관한 알고리즘 문제가 논란이 되었다. 어떤 자리에 배치되느냐에 따라 뉴스 조회 수, 댓글 수 등에서 상당한 차이가 생기고, 이 자료들을 활용한 빅데이터 분석에 왜곡이 일어나기 때문이다. 특히 실시간 검색어 순위에 오르면 대중의 관심을 불러일으켜 관련 이슈에 대한 집중도가 증폭된다. 때문에 특정 검색어를 상위에 랭크시켜 관심을 갖도록 유도함으로써 일종의 여론 조작도 가능하다.

　네이버는 자사의 뉴스 배치, 실시간 검색어 순위 등이 사람의 개입 없이 100퍼센트 알고리즘에 의해 이뤄진다고 주장했다. 하지만 어떤 알고리즘을 쓰는가에 따라 선택과 배치가 달라지고, 그 결과가 다시 사람들의 행동을 유발함으로써 왜곡을 일으킬 수 있다. 이처럼 온라인상에서 우리가 하는 행동이 우리의 의지보다는 시스템과 알고리즘의 지배를 받게 되면서 생기는 왜곡을 '알고리즘 왜곡'이라 한다. 이것의 진짜 문제는 이 데이터가 사람들을 그 방향으로 행동하게끔 만들어 왜곡된 데이터 자체가 사실이 된다는 것이다.

유튜브, 페이스북이 사람을 지배하는 법

알고리즘 왜곡이 만드는 대표적인 문제가 '확증편향Confirmatory Bias'에 의한 오류다. 확증편향이란 내가 생각하는 방향으로만 정보를 찾다 보니, 어느새 구미에 맞는 정보만 보게 되면서 점점 자신의 생각이 맞다고 확증을 더해가는 왜곡 현상이다.

인간은 누구나 어느 정도 확증편향을 갖고 있다. 그런데 인터넷에는 너무 많은 정보가 넘쳐나고 그로 인한 혼란을 감당하기 힘들기 때문에 자연스레 자신이 원하는 정보만 취사 선택하게 된다. 이런 행동은 확증편향을 가속화한다. 특히 요즘은 '개인화'라 부르는 뉴스 서비스에 의해 그 현상이 더 심해지는 추세다.

페이스북을 예로 들어보자. 전 세계 15억 명이 넘는 사람들이 매일 페이스북을 보고 있다. 하지만 사실 우리는 페이스북의 알고리즘이 우리 입맛에 맞게 골라서 보여주는 게시물만을 보고 있을 뿐이다. 페이스북을 비롯한 여러 SNS는 광고를 통해 수익을 올리는 구조라 사용자들이 많이 볼 법한 콘텐츠를 골라 노출시킨다.

알고리즘은 이용자의 성향을 파악해 점점 더 그 사람이 좋아할 만한 뉴스나 콘텐츠를 보여주는 방향으로 진화한다. 우리는 이것을 개인 서비스라고 부르지만, 그 이면에는 심각한 확증편향 오류의 문제가 도사리고 있다.

확증편향은 무엇이 문제일까? 1차적으로 다른 정보는 아예 배제되어, 존재 자체를 모른다는 데 문제가 있다. 같은 성향의 정보들만 전달되기에 주장하는 바가 다른 정보의 존재에 대해서는 생각조차 하지 않으며 신념을 강화해나간다. 이런 정보 전달은 과거 나의 취향과 행동(알고리즘)에 의해 결정되는데, 한번 이런 시스템이 형성되면 좀처럼 그 틀에서 벗어나기 어렵다. 고착화된 편견은 계층 간의 토론이나 의견 교환의 기회를 박탈하며 나아가 사회 혁신을 저해한다.

엘리 프레이저Eli Parisa의 저서 《생각 조종자들》의 부제는 '당신의 의사결정을 설계하는 위험한 집단'이다. 여기에 핵심이 그대로 담겨 있다. 그는 인터넷의 개인화된 뉴스 서비스나 SNS가 민주주의를 심각하게 훼손하고 있으며, 잘못된 정보를 제공함으로써 인류 번영에 큰 위험이 될 수 있음을 경고한다.

무단으로 침입하여 왜곡하는 '고의 왜곡'

알고리즘 왜곡의 또 다른 형태는 시스템 설계자 또는 침입자에 의한 고의 왜곡이다. 데이터 분석 기업 케임브리지 애널리티카Cambridge Analytica, CA에서 사업개발 이사로 근무한 브리태니 카이저Brittany Kaiser가 쓴《타겟티드》는 데이터 산업의 비윤리적 관행에 대한 폭로를 담고 있다. 이 책은 미국 대선에서 교묘한 방식으로 심리전이 일어나고 있는 상황을 기술했다. 인공지능의 분석을 통해(주로 페이스북의 어떤 글에 '좋아요'를 누르는지에 대한 분석을 통해) 사용자의 피부색, 성적 취향, 정치 성향, 결혼 유무 등을 판단할 수 있으며, 이것을 그 사용자에 대한 선거 심리전에 이용하고 있다는 것이다.

예를 들어 트럼프 캠프에서는 트럼프에게는 절대 표를 줄 것 같지 않은 정치 성향의 사용자를 대상으로 그들의 페이스북에 힐러리에 대한 네거티브 광고를 했다. 트럼프를 찍지 않더라도 힐러리에게 투표하는 걸 포기하게 만드는 전략이었다. 이들은 네거티브 광고에서도 사용자의 특성에 맞춘 네거티브 전략을 썼다.

최근 연구에 따르면 TV, 신문 등 전통 매체의 영향력은 크게 줄어든 대신 페이스북, 트위터, 유튜브 등 새로운 소셜미디어의 사용량은 나날이 늘고 있다. 시장조사기관 이마케터eMarketer가 발표한 2019년 자료에 의하면 미국인들은 하루 평균 신문에 11분, TV에 3시간 35분(TV를 켜놓고 다른 일을 하는 것까지 포함한 시간)을 쓰는 데

비해 디지털 미디어에는 6시간 35분을 쓴다. 한국에서도 최근 2년 사이 유튜브 사용 시간이 세 배 증가한 것으로 조사되었다.

누구보다 여론에 민감한 정치인과 자신의 의견을 정치적으로 이용하려는 집단이 이것을 놓칠 리 없다. 각각의 지지층들은 소위 댓글 부대라는 것을 동원해 여론전을 펼치고 있다. 이런 작위적 행동에 의한 뉴미디어의 영향 확대는 법의 테두리를 교묘하게 돌며 진행되는 중이다.

물론 뉴미디어를 이용한 선거운동이 불법은 아니다. 신문이나 라디오 방송을 통해 후보와 공약을 알리는 선거 방식을 한층 발전시켜 유권자의 성향에 맞는 캠페인 문구를 전달하거나 디자인을 조정하는 것은 새로운 미디어를 이용한 발전된 선거 캠페인이다. 하지만 어느 집단이 작심하고 댓글을 도배하거나 악의적으로 다른 사람을 모함하는 네거티브 전략을 쓴다면 진실을 호도하는 결과가 생길 수 있다. 더 큰 문제는 인공지능과 빅데이터 분석은 데이터를 수집해 진행되기에 어디까지가 통제된 데이터이며 어디까지가 개인이 자발적으로 제공한 데이터인지 구별하기 어렵다는 점이다. 그리고 이것을 바탕으로 분석·발표된 정보가 다른 사람에게 또 다른 영향을 준다는 점도 문제다.

최근에는 한발 더 나아가 거의 모든 나라에서 정보전·국제 심리전의 일환으로 댓글 등을 조작하는 사례가 늘고 있다. 국내에서도 국정원 댓글 사건, 드루킹 댓글 사건 등 조작 이슈가 계속해서 터져

'적대적 머신러닝'의 예

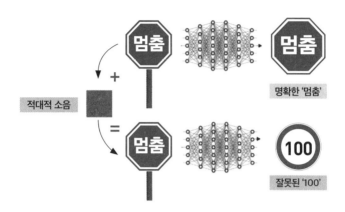

* '적대적 소음'이라는 입력 정보를 넣으면 인공지능이 '멈춤' 사인을 '속력 100' 사인으로 인식하도록 조작할 수 있다.

출처: Aakarsh Yelisetty, 'How to fool a Neural Network', 2020.

나왔다. 중국 정부는 '우마오당五毛黨'이라는 댓글 부대를 운영한다고 알려져 있는데, 댓글 하나에 5마오(0.5위안)씩 준다고 해서 '5마오당'이라 불린다. 표면적으로는 '인터넷 평론원' 등의 점잖은 이름으로 부르고 있으나 실상은 댓글 하나로 돈을 지급받는 여론 조작 집단에 불과하다. 러시아도 '트롤'이라는 댓글 부대를 이용해 각종 정치 선전을 하고 다른 나라의 선거에도 개입하는 것으로 알려져 있다. 정부의 이러한 댓글 개입은 중국, 러시아뿐만 아니라 많은 나라에 퍼져 있고 은밀히 진행되고 있어 더욱 심각하다.

또 다른 형태의 고의적 왜곡은 해킹을 비롯해 외부 침입자에 의해 생길 수 있다. 최근 사용되고 있는 딥러닝 방식은 결과를 해석하기 힘들기 때문에 해킹이 일어났을 때 알아채지 못할 수도 있다. 이것에 착안해 '적대적 머신러닝Adversarial Machine Learning'이 컴퓨터 보안 분야에서 새로이 생겨나고 있다. 적대적 머신러닝은 입력 파일을 조작해 틀리거나 혼동되는 결과를 도출하는 기능을 한다.

왼쪽의 그림을 살펴보자. '멈춤'이라는 표지판을 인식할 수 있게 이미 학습된 인공지능 시스템이 있다. 여기에 '적대적 소음'이라 불리는 입력 정보를 넣어서 인공지능이 기존의 '멈춤' 사인을 '속력 100'으로 인식하도록 변경할 수 있다. 만약 이런 시스템이 해킹당해 자율주행차에 적용된다면 기존의 거리 간판이나 교통신호를 틀리게 인식시켜 시스템을 완전히 망가뜨릴 위험이 있다.

책값을 260억 원으로 만든
아마존의 알고리즘

| 인공지능 간 간섭에 의한 왜곡 |

유전공학을 전공하고 있는 버클리대학의 한 연구원은 아마존에서 초파리 연구에 관한 책《파리의 탄생The Making of a Fly》을 사려다 깜짝 놀라고 말았다. 1992년 초판이 나온 후 절판되어 시중에 몇 권 없긴 했지만 책값이 무려 173만 45.91달러(한화로 약 22억 원)였기 때문이다.

인터넷 오류라고 여긴 그는 책 구매를 포기하고, 다음 날 다시 아마존에 접속했다. 하지만 책값은 280만 달러로 전날보다 더 올라 있었다. 그날 저녁에 다시 확인해보니 가격은 더 올라 350만 달러였다. 그렇게 계속 오르던 책값은 한화로 260억 원까지 오르게 된다.

알고리즘 충돌로 왜곡된 책값과 주식 트레이딩

대체 무슨 일이 벌어진 것일까? 아마존 내 서점인 '프로프내스profnath'와 '보디북bordeebook' 두 곳은 인공지능을 통해 상대방의 책값을 읽었다. 한 서점은 다른 서점에서 파는 똑같은 책의 값에 1.27059를 곱해 가격을 정하라는 알고리즘을, 다른 한쪽은 0.9983을 곱해 가격을 정하라는 알고리즘을 시행했다. 서로 한 번 주고받으면 25퍼센트 이상 책값이 뛴다. 이에 따라 두 곳이 서로의 책값을 줄기차게 검색하고 조정하다가 결국 260억 원까지 오른 것이다.

재미있는 해프닝으로 생각할 수도 있지만, 이 사건은 앞으로 인공지능과 인공지능의 대결이 만들어낼 문제의 단면을 잘 보여준다. 상대방의 책값을 체크해 자사 상품의 가격을 정하는 일을 인간이 했다면 기껏해야 하루에 두세 번 정도 조정하는 데서 멈췄을 것이다. 하지만 너무나도 부지런한 인공지능은 수십만 건의 상품을 두고 하루에 수백 번씩 같은 일을 반복했다.

비슷한 일은 주식 거래와 광고에서도 빈번하게 일어나고 있다. 현재 전 세계 주식 트레이딩의 75~80퍼센트는 컴퓨터 알고리즘에 의해 움직인다. '알고리즘 트레이딩'이 그것이다. 여기서 트레이딩은 인간이 판단하는 것이 아니라 미리 구성된 알고리즘에 의해 자동적으로 진행된다. 가장 큰 장점은 빠른 속도다. 인간이 상상할 수 없는 속도로 정보를 분석해 1초에 수천 건의 거래를 진행한다. 이미

이곳은 인공지능 간의 대결장이 된 지 오래다.

이에 맞춰 투자자들은 남보다 빠른 네트워크 회선을 구축하기 위해 서버를 거래소 근처로 옮겼다. 이제 사람들은 다른 알고리즘을 교란하는 알고리즘, 다른 알고리즘을 읽어오는 알고리즘, 다른 알고리즘을 저격하는 알고리즘 등 주인을 위해 다른 알고리즘과 싸워주는 인공지능을 계속해서 전장에 내보내는 중이다.

인공지능끼리 서로 반응해 책 한 권이 260억 원이 되는 일이 벌어진 것처럼 주식 거래에서도 비슷한 헤프닝이 벌어졌다. 2010년 미국 뉴욕 주식시장에서 다우지수를 순식간에 1,000포인트가량 하락시킨 후 다시 10분 안에 회복시킨 일이 있고, 2017년 암호화폐 이더리움이 순식간에 300달러에서 10센트로 떨어진 일도 있다. 일부 인공지능의 거래 오류와 이에 반응한 다른 알고리즘의 연쇄적인 '추종 거래'가 일으킨 사고다. 알고리즘 간의 경쟁이 어떻게 시스템의 실패로 이어질 수 있는지를 보여주는 대표적인 예다.

인공지능과 인공지능의 대결

인공지능 간의 대결은 계속 확장될 전망이다. 한쪽 인공지능이 가짜 뉴스를 만들면 다른 쪽에서는 그 진위를 판별하는 싸움을 하고 있다. 정보 보안 분야에서도 보안을 뚫으려는 인공지능과 막으려는 인공지능의 경쟁이 치열하다. 앞으로는 그 범위가 더 확대될 것이다. 일례로 앞으로는 비즈니스 대화를 하는 동안 내 스마트폰 안의 인공지능은 상대가 거짓말이나 과장을 하고 있을 확률이 어느 정도인지 표시해줄 것이다. 물론 상대도 내 말의 진실성을 같은 방식으로 확인할 것이다. 경우에 따라서는 상대를 교란하기 위한 작전을 인공지능이 지시해줄 수도 있다.

인공지능은 빠른 기억력과 놀라운 정보처리 능력 등 장점이 많지만 고지식하고 융통성이 없다. 그러다보니 어느 순간 인간이 생각하지 못한 엄청난 실수를 저지른다. 특히 인공지능끼리 경쟁하다 보면 그 속도와 범위가 우리의 상상을 넘어 인간이 의도하지 않은 방향으로 갈 수도 있다. 따라서 인간은 인공지능이 나만을 위해 최적의 일을 할 수 있는 설계와 더불어, 상대방의 인공지능 전략을 이해해 역이용할 수 있는 전략까지 고려해야 한다. 또한 인공지능이 시스템 자체의 붕괴를 일으킬 수 있다는 점도 함께 고려해야 한다.

인공지능을
어디까지 믿어야 할까

    인공지능은 무엇이든 알아서 처리하는 똑똑하고 현명하며 지혜로운 존재가 아니다. 인간보다 더 좋은 결과를 보일 수 있지만 때론 완전히 왜곡된 결과를 보일 수도 있다. 때문에 인공지능을 이용해 좋은 의사결정을 하기 위해 반드시 점검해야 할 세 가지 이슈가 있다. 첫째, 인공지능의 결정을 보고 언제 따르고 언제 따르지 말아야 하는지 결정하는 것이다. 둘째, 언제 인공지능이 결정하게 하고 언제 인간이 개입해야 하는가를 결정하는 것이다. 셋째, 인공지능 디자인에 있어 어떻게 사회적 요구를 수용해야 하는가를 결정하는 것이다.

순간의 판단력으로 세상을 구한 남자

1983년 9월 26일 아침, 한창 미소 간의 냉전이 지속되고 있을 때 소련의 인공위성 탑재 조기경보 시스템은 미국에서 다섯 개의 핵탑재 미사일이 날아오고 있음을 알렸다. 소련 군부의 스타니슬라프 페트로프Stanislav Petrov 중령은 보복성 핵 공격을 명령해야 할지 말아야 할지, 어려운 결정 앞에 서게 되었다. 나중에 알려진 사실이지만 이것은 아주 드물게 생기는 일로, 미국 노스다코타주의 높은 고도의 구름과 그 구름 위의 인공위성 쪽으로 햇빛이 쏟아지면서 만들어진 사건이었다. 즉 인공지능이 햇빛을 대륙간탄도미사일ICMB의 발사섬광으로 잘못 인식했던 것이다.

사실 매뉴얼대로라면 그는 즉시 보복 명령을 내려야 했다. 조직 생활을 한 사람이라면 알다시피 매뉴얼대로 행동하는 것이 책임을 면하는 가장 좋은 방법이다. 하지만 그는 여러 요인들을 모아 복합적으로 사고한 끝에 컴퓨터 시스템의 오류일 확률이 높다는 것을 깨달았다. 그가 가장 의심한 것은 만약 핵 공격이 시작되었다면 겨우 다섯 개의 미사일만 쐈을 리 없다는 것이었다.

결국 그는 보복 명령을 내리지 않았다. 당시에는 사람들이 이 사건을 모르고 지나갔지만 하마터면 인류가 핵전쟁에 휘말릴 뻔한 섬뜩한 순간이었다.

이 사건은 후에 〈세상을 구한 남자〉라는 다큐멘터리로도 제작되었다. 지금까지 컴퓨터 시스템은 계속적으로 진화하며 발전해왔지만 '언제 우리가 컴퓨터의 의사결정을 믿어야 하고, 언제 믿지 말아야 하는가'를 결정하는 것이 얼마나 중요한지를 보여주는 결정적인 사건이다. 페트로프 중령은 조기경보 시스템의 오류를 직감하고 고심 끝에 인공지능의 결정을 무시했다. 하지만 같은 상황에서 모두가 그럴 수 있을까?

반대로 인공지능의 판단을 믿고 중대한 결정을 내리는 경우도 있다. 배우 안젤리나 졸리는 2013년 선제적 유방절제술을 했다고 고백해 세상을 놀라게 했다. 유방암에 걸릴 것을 사전에 예측해 유방절제술을 받았다는 내용이었다. 육체적·정신적으로 아주 힘든 결정이었을 것이다. 사실 졸리의 결정은 의사의 조언이 아니라 알고리즘과 데이터에 의한 것이었다. 유전자 검사 결과 컴퓨터는 졸리가 유방암에 걸릴 확률을 87퍼센트로 예측했으며, 이에 따라 그녀는 중대한 결정을 내린 것이다.

이런 사건들은 전쟁터의 공군 중령이나 유명 배우에게만 생기는 일이 아니다. 우리는 인공지능과 함께 의사결정을 해야 할 일이 점점 더 많아지는 시대로 가고 있다. 인간은 살아가는 동안 수없이 많은 선택과 결정의 상황에 놓인다. 우리는 어려운 의사결정을 할 때 누구의 도움을 가장 필요로 할까?

중세 시대엔 '신이 인도하는 대로'였다. 인간은 기도를 통해 깊은 내면에서 신의 소리를 들으려 노력했다. 하지만 인간 중심의 사회가 되면서 권위는 신에게서 전문가로 옮겨갔다. 교사와 진로를 상의하고, 의사의 조언을 받아 수술 여부를 결정하며, 기업의 인수합병을 원하면 법률가나 회계사를 찾아간다. 이것이 오늘날 일반적인 의사결정의 모습이다.

하지만 빅데이터와 인공지능의 시대는 다른 모델을 요구하고 있다. 인공지능이 자녀의 진로에 대해 조언한다면 어떨까? 지금 특정 주식을 사라고 한다면? 제품 품질 문제가 생길 염려가 있으니 생산 라인을 멈추라고 한다면? 여러 명의 지원자 중 이 사람을 뽑으라고 한다면? 췌장암이라는 판단에 따라 수술을 해야 한다면? 누군가가 당신과 조건이 맞는 최적의 결혼 상대로 추천되었다면? 이런 상황에서 당신은 어떤 결정을 해야 할까? 인공지능을 믿어야 할까, 끝까지 의심해야 할까?

카카오모빌리티와 배달의민족이 외면할 수 없는 진실

인공지능을 통한 의사결정의 이슈는 기업이나 공공기관이 인공지능 시스템을 디자인하고, 그 시스템의 사용자가 인공지능의 의사결정을 따라갔을 때 드는 사회적 비용이다. 이때 사용자가 알고리즘을 이해하지 못한다면 인공지능이 원하는 방식으로 따라갈 수밖에 없으며, 이것은 막대한 사회적 비용을 초래할 수 있다.

이와 관련해 논란이 되었던 사례가 적지 않다. 먼저 인공지능 기반 택시 배차를 운용하는 카카오모빌리티를 들 수 있다. 카카오모빌리티가 카카오T블루를 인수하며 개인택시 사업자들의 불만이 시작되었다. 개인 사업자들이 카카오모빌리티가 카카오T블루에 택시 배정을 몰아주고 있다고 의심한 것이다. 카카오는 '콜 몰아주기'는 없으며 모든 배차는 승객 편의를 최대한 보장하기 위해 자체적으로 만들어진 인공지능 알고리즘으로 진행된다고 반박했다. 그러나 콜 몰아주기 의혹은 여전하다.

비슷한 논란은 계속 일고 있다. 배달의민족의 인공지능 기반 라이더 배치 문제, 네이버쇼핑의 자사 제품 검색 상위 노출 문제, 네이버뉴스의 기사 배치 문제 등 거대 플랫폼을 운영하는 기업에서는 이런 논란이 공통적으로 일어나는 중이다. 해외도 마찬가지다. 아마존은 자사 상품의 상위 노출에 대한 공정성 문제, 타사가 아마존에 제공하는 가격과 타사 방문자 정보를 자사 상품 가격 결정에 사용한 문제 등이 있었다. 이 문제로 미국의 연방거래위원회Federal Trade Commission, FTC, 유럽연합European Union, EU의 조사를 받고 있으며, 일부 제재를 받기도 했다. 구글은 자사의 비교 쇼핑 서비스를 검색에서 우대한 혐의로 과징금을 물기도 했다.

몇몇 전문가와 소비자 단체는 이들 기업에 알고리즘을 공개하라고 요구하고 있다. 하지만 이는 생각처럼 간단한 문제가 아니다. 기업의 영업 비밀인 알고리즘을 공개하라는 요구 자체도 무리한 것이지만, 설사 공개되더라도 공정성이 훼손되었는가를 판단하는 것은 결코 쉽지 않다.

그럼에도 플랫폼 사업자는 기본적으로 자사가 사용하는 알고리즘에 대해 투명성을 보장할 수 있어야 한다. 그리고 의도적이지 않았다 해도 이해 당사자나 사용자들이 피해를 받고 있다면 알고리즘을 재점검하고 오류를 바로잡는 노력을 기울여야 한다. 그렇게 하지 않는다면 여러 오류와 그로 인한 피해를 우리 사회가 고스란히 떠안아야 한다.

그뿐 아니다. 무작정 알고리즘 편향성이나 오류가 없었다고 말로 항변하며 넘어갈 것이 아니라, 플랫폼을 운영하는 회사가 직접 공정성 훼손이 없음을 데이터로 증명해야 한다. 그리고 때에 따라서는 자신들의 주장이 맞는지 그리고 알고리즘 원칙에 문제가 없는지 전문가의 테스트를 받아야 할 수도 있다.

이런 사회적 합의와 새로운 규제는 외면할 수 없는 부분이며, 이후 인공지능의 알고리즘에 대한 새로운 이슈로 떠오를 것이다.

인간에게 의사결정권이
아예 없다면

인공지능의 의사결정에 대해 우리가 생각해야 할 또 다른 문제가 있다. 인간에게 의사결정의 기회 자체가 주어지지 않는 경우도 있다는 점이다. 미국의 항공기 제조회사 보잉의 보잉737 Max8 기종은 2019년 3월 10일, 에티오피아에서 151명의 승객을 태운 채 추락했다. 그 전 해인 2018년 10월 28일에도 같은 기종의 비행기가 인도네시아의 자카르타 공항을 이륙한 직후 바다로 추락했다.

보잉 본사가 있는 시애틀에서 발행되는 〈시애틀 타임스〉는 '이 두 사건을 조사한 항공전문가들은 두 사건 모두 인공지능의 실수에서 비롯된 것일 수 있음을 강력하게 시사했'고 보도했다. 두 비행기 모두 조종사가 잘못된 꼬리 날개의 고도 조절기를 필사적으로 조절하려던 흔적이 남아 있었다는 것이다. 하지만 인공지능 시스템이 곧바로 원래의(잘못된) 계산으로 돌려놓는 시스템을 가동해 계속해서 비행기를 잘못된 방향으로 이끌어간 증거들이 드러났다.

이 사례는 단순히 인공지능의 결정을 믿을지 말지를 결정하는 것보다 더 근본적인 문제를 시사한다. 즉 인공지능 시스템을 어떻게 설계해야 하는가를 말이다. 자율주행차는 언제 인공지능으로 운전하고, 언제 인간의 개입을 허용해야 할까? 아니면 처음부터 인간의 개입이 없는 디자인을 채택하는 것이 맞을까? 이와 관련해 더 많은 고민과 연구가 따르지 않는다면 인공지능의 잘못된 의사결정은 계속될 것이다.

인공지능을 비즈니스에서 영리하게 사용하기 위해서는 '실험정신'이 필요하다.
이른바 '제조 저주'에 직면한 일론 머스크의 전기차 생산 공장부터
스웨덴 SEB은행을 성공으로 이끈 인공지능 협업의 5단계까지,
'인간+인공지능' 협업 모델의 앞서간 사례들을 알아보자.

4장

AI로
경영하는
사람들

똑똑한 인공지능이
멍청한 짓을 하는 이유

　인공지능은 우리 삶의 다양한 분야에 활용되고 있으며, 인간이 할 수 없는 일들을 처리한다. 하지만 어떤 문제에서는 아주 기초적이고 상식적인 부분에서 오류를 일으키곤 한다.

　인공지능이 강점 못지않은 약점을 지녔다면 이를 보완하기 위해 인간이 일정 부분 관여해야 하지 않을까? 현재의 인공지능이 필연적으로 가질 수밖에 없는 약점을 정확히 이해해야만 우리가 기대하는 시너지 효과를 얻을 수 있다. 반대로 인공지능의 한계에 대한 대책을 마련하지 않으면 수많은 문제가 발생하게 된다.

엉뚱한 정보로 폐렴 환자를 맞힌 AI

캘리포니아 퍼시픽의료원의 존 제크John R. Zech 박사는 동료들과 함께 인공지능을 활용해 폐렴을 찾아내는 실험을 하고 있었다. 최근에 개발된 인공지능 의료영상 판독 시스템들은 질병을 찾는 데 있어 인간 의사를 능가하는 결과를 보여왔고, 이에 고무된 제크 박사 팀도 영상 속 폐 이미지를 보고 폐렴을 찾는 연구를 진행 중이었다.

연구팀은 딥러닝 모델을 훈련시키기 위해 미국의 국립보건원NIH, 마운트시나이병원MSH, 인디애나환자관리네트워크INPC에서 제공받은 영상 자료 15만 8,323장을 활용했다. 그들은 먼저 국립보건원, 마운트시나이병원의 데이터세트로 인공지능을 학습시킨 후, 그렇게 학습된 인공지능으로 인디애나환자관리네트워크 데이터의 폐렴을 예측했다. 그런데 이상했다. 분명히 국립보건원, 마운트시나이병원의 데이터에서는 학습도 잘 되었고 테스트에서도 좋은 결과를 보였는데, 인디애나환자관리네트워크 데이터에서는 오차가 심했다.

연구자들은 그 원인을 찾기 위해 데이터들을 더 자세히 들여다보기 시작했고, 그 과정에서 중요한 사실을 발견했다. 기관들의 폐렴 비율이 큰 차이를 보인다는 것이었다. 마운트시나이병원의 데이터는 폐렴 비율이 34.2퍼센트인 반면 나머지 두 기관의 폐렴 비율은 국립보건원이 1.2퍼센트, 인디애나환자관리네트워크가 1.0퍼센트로 매우 낮았다.

그들은 혹시나 하는 생각에 인공지능이 영상을 보고 데이터를 제공한 기관을 맞힐 수 있는지를 실험해보았다. 인공지능은 영상을 보고 해당 자료가 어느 기관의 것인지를 99.5퍼센트 맞혔다. 이 결과가 뜻하는 건 무엇일까? 이 인공지능은 국립보건원와 마운트시나이병원의 데이터로 학습할 당시 폐 영상을 보고 폐렴을 맞힌 것이 아니었다. 그 영상이 어느 기관의 것인지를 확인한 후, 마운트시나이병원의 영상에서는 폐렴이라고 답하는 비율을 높였던 것이다. 이렇게 학습된 인공지능을 인디애나환자관리네트워크 데이터에 적용하니 당연히 폐렴을 맞힐 수 없었다.

그렇다면 인공지능은 어떻게 영상만으로 해당 기관을 맞힐 수 있었을까? 연구진은 이 궁금증을 해결하기 위해 인공지능이 영상의 어느 부분을 보고 각 기관의 차이점을 발견하는지를 표시하는 기술을 도입해 다시 실험했고, 결과는 놀라웠다. 인공지능은 각 기관의 영상기술자가 영상을 분류하기 위해 촬영 전에 환자의 어깨 위에 올려 놓는 금속 표식판이 기관마다 미세하게 다르다는 걸 포착하고 있었다. 즉, 폐렴이 아니라 금속 표식판의 미세한 차이를 찾음으로써 마운트시나이병원의 데이터에서는 폐렴이 압도적으로 많다는 걸 발견했고, 그 차이를 근거로 폐렴이라고 판단하는 비율을 조절한 것이다.[19]

치명적인 인공지능의 '지름길 문제'

우리는 데이터 기반의 인공지능을 활용할 때 우리가 입력한 정보를 바탕으로 답을 찾기를 바란다. 하지만 우리가 생각하는 정보와 인공지능이 생각하는 정보는 전혀 다를 수 있다. 소 사진을 보고 '소'라고 곧잘 답하던 인공지능이 사진의 배경을 초원이 아닌 다른 풍경으로 바꾸자 소를 전혀 못 알아봤다는 연구 결과도 있다. 또 다른 연구에서는 모든 동물을 100퍼센트 가까운 정확도로 맞히던 인공지능이 코끼리 피부 이미지를 입힌 고양이를 '코끼리'라 답한 것으로 드러났다.

이 문제는 단순히 그림을 잘못 인식하는 것에서 그치지 않는다. 앞서 설명한 수많은 인공지능의 오류들(예를 들어 아마존이 채용 과정에서 여성을 차별한 것)이 결국 같은 문제다. 그렇다면 이러한 오류가 발생하는 근본적인 이유가 무엇인지 살펴보자.

인공지능은 데이터세트에서 인간이 학습 과정에서 염두에 둔 핵심 특성(특정 타깃을 분류해내는 기준이 되는 특성)을 찾아내지 않는다. 사실 핵심 특성은 인간이 기존의 지식과 경험에 의해 발견해내는 것인데, 인공지능은 그런 것들을 고려할 수 없다. 인공지능이 찾는 것은 주어진 데이터세트에서 타깃 데이터를 가장 차별화시키는 특성이다. 예를 들어 '소'를 인식시킬 때 사람은 인공지능이 소가 지닌 외양적 특성을 학습하기를 원하며 많은 데이터세트에서 소의

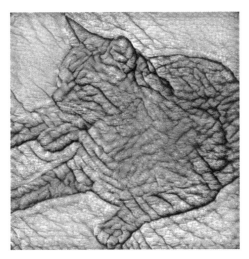

* 고양이 그림에 코끼리 피부 이미지를 입히자 인공지능은 이것을 코끼리로 인식했다.[20]

사진을 골라 학습시킨다. 하지만 인공지능은 다수의 소 사진이 입력되는 과정에서 소의 특징보다 배경인 초원에 집중한다. 초원과 목장이 배경인 동물 사진을 '소'라고 학습하는 것이 소를 차별화시키는 가장 중요한 요소라고 판단하기 때문이다.

이렇듯 인공지능은 주어진 정보를 분석할 때, 인간이 생각하는 특성이 아니라 판별하기 가장 쉬운 특성을 먼저 고려한다. 이는 인공지능의 장단점을 가장 잘 말해주는 포인트로 우리는 이것을 인공지능의 '지름길shortcut 문제'라고 부른다.

인공지능은 인간이 찾지 못한, 혹은 찾기 위해 엄청난 시간을 들인 패턴을 쉽고 빠르게 찾아낸다. 이는 분명 인공지능이 지닌 큰 장점이다. 요즘 우리가 사용하고 있는 거의 모든 머신러닝은 타깃값에 맞춰 그 타깃값을 판별할 수 있는 특성을 주어진 데이터 안에서 찾는다. 이처럼 인공지능은 통계적 기법과 변수 최적화 기법에 기반해 이런 변수들, 또는 변수들의 조합을 아주 쉽게 찾아낸다. 그것이 인간이 의도한 특성값에 의한 판별인지는 차치하고 말이다. 따라서 지금의 인공지능 시스템은 우리가 원하는 범용적 지능 시스템이라기보다는 '일반화된 패턴 인식 시스템Generalized Curve Fitting Systems'이라는 의견이 강하다. 나도 이에 동의한다. 이것은 마치 동전의 양면처럼 인공지능의 장점인 동시에 단점이기도 하다.

인공지능은 상식이 없다

이러한 지름길 문제는 인간의 예상과 전혀 다른 방향으로 향하기도 해 인공지능의 치명적 약점으로 작용한다. '인공지능은 상식이 없다'는 표현도 이런 점 때문에 나온 말이다.

어떻게 영상의 작은 금속 표식판이 폐렴을 판단하는 기준이 될 수 있을까? 인간이라면 그 정보는 무시하고 폐 영상에서 차이를 찾으려 노력했을 것이다. 이것은 개선하기 힘든 인공지능의 첫 번째 단점이다. 이런 문제를 수정하려면 우리가 지금까지 쌓아온 모든 지식(우리가 단순하게 '상식'이라 부르는 것)을 인공지능에 주입해야 하는 난제에 봉착한다. 예를 들어 인공지능은 "어머니가 계단에서 미끄러지셔서 오늘 저는 학교에 못 갔습니다"라는 문장의 인과관계를 이해하기 힘들다. 이 문장의 의미를 파악하려면 어머니라는 존재, 계단에서 미끄러져 넘어진 것과 부상의 관계, 병원에 가는 문제, 간호를 하려면 시간을 빼앗긴다는 사실 등을 복합적으로 이해해야 한다.

다섯 살짜리도 이해할 수 있는 이러한 상식을 인공지능이 이해하도록 만들기란 거의 불가능하다. 상식이란 말 그대로 상식이기 때문에 우리는 별다른 노력 없이 알 수 있는 지식이지만, 인공지능에게는 무한의 지식을 요구하는 것과 같다. 인간이 수백만 년에 걸쳐 진화하며 학습한 상식을 어떻게 인공지능이 단번에 학습할 수 있겠는가.

인공지능은 상관관계에서만 반응한다

두 번째로 생각해 볼 인공지능의 단점은 모든 문제를 통계적 상관관계에 의해 결정한다는 것이다. 인간은 문제를 풀 때 인과관계를 생각하지만 인공지능은 그렇지 않다. 앞서 언급한 아마존의 채용 문제를 보자. 인공지능은 통계적으로 남녀를 구분하는 것이 채용을 판단하는 데 유리한 정보가 된다고 판단했을 뿐이다. 성차별에 대한 인식 자체가 없었다고 봐야 한다. 이처럼 인공지능은 인과관계, 나아가 맥락에 대한 이해 없이 통계적 상관관계로만 모든 것을 판단하고 결정한다.

인공지능은 고지식하다

인공지능의 세 번째 단점은 주어진 데이터가 가진 한정된 정보를 통해서만 판단하고, 따라서 이 결과를 일반화하기 어렵다는 것이다. 몇몇 학자들은 엄청나게 많은 양의 '빅데이터'를 사용하면 이 문제가 해결될 수 있다고 주장하지만 이것은 그리 간단한 문제가 아니다.

내가 백조 10억 마리를 관찰하고, 세계 곳곳의 데이터를 얻은 후 '백조는 하얗다'는 결론을 내렸다고 해보자. 그런데 호주의 작은 섬에 존재하는 검은 백조를 관찰하지 못했다고 해서 내가 얻은 데이터가 보편적이지 않다고 한다면, 과연 데이터의 범주를 어느 선까지 규정해야 하는가의 문제가 끊임없이 제기된다.

인공지능은 정해진 영역에서만 데이터를 분석한다

마지막으로 생각해볼 인공지능의 근원적 문제는 특수한 범위에서 그 영역에 맞춰진 데이터를 중심으로 개발되었다는 점이다. 단순하게 사진이나 영상 정보를 해독하거나 체스나 바둑을 두는 것은 정해진 규칙을 따르면 그만이다. 하지만 사회 문제나 경영의 문제를 인공지능으로 해결한다면 어떨까?

이런 문제들에는 정해진 룰보다 훨씬 복잡한 요소가 존재하고, 다른 시대적 상황이나 경영상의 이슈들이 중첩되어 있다. 정해진 범위에서 주어진 제한 조건에 한정해 답을 내놓는 인공지능은 이런 복잡한 지식 체계를 포용할 수 없다. 일정 범위 내에서 자동적으로 도출된 인공지능의 솔루션은 보다 큰 체제 내에서의 적용 가능성을 고려해 결정해야 한다.

예를 들어 수만 개의 이력서 중 만족스러운 스펙과 회사가 요구하는 자격을 모두 갖춘 지원자를 인공지능이 자동으로 추출해준다고 해보자. 이때 회사는 현재 시장의 상황 그리고 변경된 회사의 정책 및 전략에 따라 면접관을 채용 프로세스에 개입시켜 최종적으로 결정해야 한다. 인공지능이 파악하지 못하는 여러 상황과 맥락, 정서적 문제들을 간과해선 안되기 때문이다.

결국 인공지능은 어느 때는 인간처럼 핵심 특성을 공유하며 놀랍도록 빠른 속도로 문제를 풀지만, 어느 때는 데이터세트에서 완전히 다른 특성을 뽑아내 자신만의 계산으로 엉뚱한 결과를 내놓는다. 문제는 그 결과가 적확한지 인간이 알기 힘들다는 것이다. 따라서 인공지능의 장점을 최대화하고 약점을 커버하는 방향으로 나아가는 것이 중요하다.

하지만 인공지능의 단점들은 이론적으로는 알 수 있으나 실무에서는 쉽게 파악하거나 고치기 힘들다. 또한 이 단점들은 더 나은 시스템의 인공지능을 만드는 것으로는 해결하기 어렵다. 그보다는 인간의 상식과 지식이 합쳐진 '인간 + 인공지능' 프로세스를 구축함으로써 해결해야 한다. 인공지능은 우리 삶에 더 넓고 더 깊게 파고들었다. 이는 거부할 수 없는 흐름이다. 이후 개인과 기업의 경쟁력은 인공지능을 제대로 이해한 뒤, 그에 더해 자신의 지식을 활용하는 데 있다.

체스챔피언도, 슈퍼컴퓨터도 아닌
아마추어가 우승자?

스티브 잡스는 한때 컴퓨터를 '우리 마음속의 자전거'에 비유했다. 컴퓨터 덕택에 인간의 사고 속도가 빨라진 것은 사실이다. 그런데 그는 왜 더 빠른 자동차나 로켓이 아닌 자전거에 컴퓨터를 비유했을까? 자전거는 인간이 직접 발로 움직여야 작동하는 시스템이기 때문이다. 즉, 컴퓨터는 인간이 '직접' 개입하지 않으면 아무 소용이 없는 도구라는 뜻이다. 인공지능도 마찬가지다. 인간이 배제된 인공지능은 여러모로 불안정하다. 때문에 인공지능의 능력을 성공적으로 활용하려면 '인간＋인공지능'의 새로운 모델을 어떻게 만들어가야 하는지를 고민하는 데 중점을 둬야 한다. 인공지능은 여러 면에서 뛰어나며 이미 각 분야에서 최고 수준의 전문가들을 앞서고 있다. 앞서 살펴본 것처럼 인간의 고유한 영역이라 여겨져온 창의성과 감성에서도 인간과의 간극을 줄여가고 있다.

그러나 인공지능은 기본적으로 상식이 없으며 데이터를 어떻게 넣어주느냐에 따라서 여러 가지 문제점을 도출할 수 있다. 따라서 단순하게 '분석은 인공지능에 맡기고 인간은 판단만 내리면 된다'는 식의 이분법적 사고는 인공지능 활용에 있어 어떤 도움도 되지 않을 것이다. 그보다는 인공지능의 작동 원리와 디자인 그리고 결과 값을 이해하는 것이 인공지능 시대의 중요한 열쇠가 될 것이다. 인공지능은 어떻게 디자인하고, 어떻게 사용해야 할까? 언제 인간이 개입해서 판단해야 하며, 협업 모델은 어떻게 만들어가야 할까?

인간을 압도하는 인공지능 체스플레이어

이 문제의 힌트를 얻을 수 있는 좋은 예는 체스에 투입된 인공지능의 변화 양상이다. 1968년 스코틀랜드 체스 챔피언 데이비드 레비David Levy는 미국의 컴퓨터 과학자 존 매카시와 앞으로 10년 안에 인공지능이 인간 챔피언을 꺾을 수 있을지를 두고 내기를 했다. 앞에서 설명했듯이 매카시 교수는 '인공지능'이라는 단어를 가장 먼저 사용한 사람으로, 당시 그는 10년 안에 인공지능이 체스 챔피언을 이길 것이라고 예상했다. 반면 레비는 인공지능이 사람을 이기지 못할 것으로 보았다.

결과적으로 이 내기의 승자는 레비였다. 이 인공지능이 체스 챔피언을 이긴 것은 그로부터 거의 30년이 지난 1997년의 일이기 때문이다. 1997년 IBM에서 개발한 슈퍼컴퓨터 딥블루는 당시 세계 체스 챔피언이었던 러시아의 가리 카스파로프를 꺾는다. 이세돌이 알파고에 진 것이 2016년이니, 체스보다 더 복잡한 바둑에서 인공지능이 인간을 능가하게 된 것은 그로부터도 거의 20년이 지난 후인 것이다.

사람들이 딥블루나 알파고 같은 인공지능 시스템을 두고 흔히 착각하는 것이 있다. 바둑이나 체스는 주어진 판에서 주어진 규칙을 갖고 게임을 하는 것이므로 모든 수는 유한하고, 컴퓨팅 파워가 발달하면 모든 수를 미리 계산할 수 있다는 것이다.

하지만 실상은 다르다. 체스에서 경우의 수는 10^{45}(지구상의 모래알 숫자보다 많다)으로 아직 우리에겐 그것을 계산해낼 만한 슈퍼컴퓨터가 없다. 사실상 거의 무한대에 가까워서 현존하는 모든 슈퍼컴퓨터를 동원해도 계산할 수 없다. 그래서 과거 체스 인공지능의 성패는 얼마만큼 경우의 수를 줄일 수 있는가에 달려 있었다. 많은 시도 끝에 인공지능은 인간과 상대할 만큼 경우의 수를 줄일 수 있었고 결국 세계 챔피언을 이겼다. 지금은 스마트폰 어플이 제공하는 프로그램조차 그랜드마스터 레벨에 이른 정도다. 2019년에는 세계적인 체스대회 도중 화장실에 가서 스마트폰으로 체스 훈수를

받는 부정행위를 한 사람이 챔피언 타이틀을 박탈당하는 치욕적인 사건이 벌어지기도 했다. [21]

인간도 인공지능의 약점을 보완할 수 있다

그렇다면 그 이후 체스대회는 시시한(?) 인간끼리의 경쟁 구도로 전락하게 되었을까? 앞서 말했듯이 체스에서 인공지능에게 최초로 패배한 사람은 세계 챔피언이자 이 시대 최고의 체스플레이어로 평가받고 있는 가리 카스파로프다. 1997년 딥블루에 패한 그는 한동안 자신의 패배에 절망했으나, 곧 관점을 바꿔 인간과 인공지능이 공존하는 미래에 대해 많은 통찰을 남긴다. 인간은 인공지능과 함께 살아가야 한다는 것을 깨달은 그는 세계 최초로 '어드밴스드 체스Advanced Chess'를 개최한다. '사이보그 체스' 또는 '켄타우로스 체스(그리스 신화에 나오는 반인반마 종족을 뜻하는 켄타우로스를 빗댄 용어다)'라고도 불리는 이 대회에서는 인간이 컴퓨터를 들고 나와 경기 상황을 분석하면서 다음 수를 고려한다. 물론 수를 놓을지 말지는 인간이 결정한다. 이후 이 대회는 자유형 체스대회Freestyle Chess로 발전해 2004년부터 본격적인 세계대회로 발전하게 되었다.

그렇다면 어드밴스드 체스의 첫 회 우승자는 누구였을까? 슈퍼컴퓨터를 가진 사람? 체스 그랜드마스터급 챔피언? 아니다. 우승자는 재커리 스테판Zackary Stephen과 스티븐 크램튼Steven Cramton이라는 평범한 청년이었다. 흥미로운 점은 이 둘의 체스 실력이 일반인보다 조금 잘 두는 아마추어 수준이었으며, 이들이 들고 나온 컴퓨터는 노트북 세 대뿐이었다는 것이다. 슈퍼컴퓨터가 아닌 노트북 말이다. '인간＋인공지능'의 도식에서는 인간의 실력도, 인공지능의 성능도 중요하지 않았다. 가장 중요한 것은 바로 '＋', 즉 협업이었다.

세 명의 그랜드마스터급 플레이어가 마지막까지 선전했으나 결국 최종 우승은 두 청년에게 돌아갔고, 모두의 예상을 뒤엎은 이 결과는 전 세계를 놀라게 했다.

우승자의 비결은 무엇이었을까? 그들의 전략은 인공지능이 잘하는 것을 정확히 이해한 후 이를 토대로 자신들의 부족한 점을 보완하는 데 있었다. 인공지능에 대한 이해가 없으면 언제 인공지능을 따라야 하는지, 언제 자신의 선택을 믿어야 하는지를 판단하기 힘들다. 실제로 이 대회를 분석한 타일러 코웬의 책《4차 산업혁명, 강력한 인간의 시대》를 보면 세계 최고의 실력을 지닌 그랜드마스터가 패배할 수밖에 없었던 이유를 알 수 있다. 그는 언제 컴퓨터를 따르고 언제 따르지 말아야 하는지를 정확히 판단하지 못했다. 그랜드마스터는 분명 현재의 컴퓨터 프로그램이 자신보다 낫다는 것을 알고 있었고 대부분은 컴퓨터의 조언대로 했다. 또 어떤 경우는 자신의 판단이 더 낫다고 생각해 자기 생각대로 했다. 문제는 컴퓨터의 조언을 따라야 할 때와 그러지 말아야 할 때를 제대로 구분하지 못했다는 데 있다. 반면 팀을 이뤄 우승한 두 청년은 이를 정확히 구분하기 위해 자신들만의 메타지식을 마련한 뒤 시합에 임했다. 다시 말해 인공지능의 장단점 그리고 인간이 개입할 시점에 대한 맥락을 제대로 이해했던 것이 우승의 핵심 요인이었다.

그 뒤로 컴퓨터의 연산 속도와 인공지능의 알고리즘은 계속해서 발전해왔지만 꽤 오랫동안 이 대회의 우승은 인간과 컴퓨터의 협업에 성공한 이들에게 돌아갔다. 이유는 단순하다. 제 아무리 뛰어난 성능의 컴퓨터라도 근원적인 약점이 있기 때문이다. 인공지능의 뛰어난 연산 능력에 인간의 판단력을 더한다면 그 능력치는 두 배로 높아진다. 인공지능이 인간의 약점을 보완할 수 있는 것처럼 인간도 인공지능의 약점을 보완할 수 있기 때문이다.

인공지능을 활용한
주식투자 성공법

    의료와 더불어 인공지능이 가장 활발하게 연구되고 있는 영역은 금융 분야다. 조지아주립대학의 숀 카오Sean Cao 박사팀은 주식 분석 인공지능 연구[22]를 통해 주가 예측 시스템을 개발했다. 최신 재무이론과 머신러닝 기법으로 주가를 예측하는 시스템이다. 이 시스템의 주가 예측에 따라 주식투자를 한 결과, 애널리스트의 예측을 따를 때보다 월평균 0.84~0.92퍼센트 더 높은 수익률을 기록했다. 또한 인공지능이 애널리스트에 비해 주가를 더 정확하게 예측할 확률은 53.7퍼센트였다(50퍼센트면 둘의 예측력에 차이가 나지 않는다는 얘기다).

언제 인간의 결정이 먹힐까

투자와 관련해 인공지능이 인간보다 더 좋은 결과를 낼 수도 있다는 사실은 이제 새로울 것이 없다. 문제는 주어진 조건이다.

카오 박사팀은 변동성이 클수록, 회사 규모가 작을수록, 무형자산의 규모가 클수록 인간의 예측력이 더 우세하다는 것을 발견했다. 즉, 정보가 비대칭적이고(예를 들어 대기업의 재무 정보는 모두에게 골고루 전해질 확률이 높다. 이 경우 정보의 대칭성이 높다고 할 수 있다), 기업을 이해하는 데 사전 지식(무형자산의 가치를 평가하는 지식 등)이 많이 필요한 경우에는 인공지능보다 인간의 결정이 더 유리하다는 뜻이다. 반대로 대량의 공개된 정보가 있고 주어진 룰에 따라 정보를 해석할 수 있을 때는 인공지능이 인간보다 유리하다.

이같은 사실을 바탕으로 카오 박사팀은 '인간＋인공지능'의 성능을 확인하기 위해 그들이 개발한 예측 모델에 애널리스트들이 예측한 주가를 넣어보았다. 그 결과 이 하이브리드 모델은 인간 단독 모델은 물론 인공지능 단독 모델의 성능을 능가했다.

다음의 첫 번째 그래프는 2000년부터 2018년까지 하이브리드 모델과 애널리스트 단독 모델의 성능 차이를 보여준다. 그래프에 드러난 데이터를 보면 한 해를 제외하고는 하이브리드 모델이 애널리스트의 성과를 능가했음을 알 수 있다.

두 번째 그래프는 하이브리드 모델과 인공지능 단독 모델의 결과

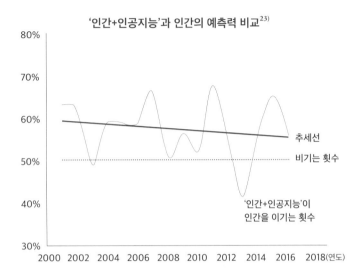

'인간+인공지능'과 인간의 예측력 비교[23)]

추세선

비기는 횟수

'인간+인공지능'이
인간을 이기는 횟수

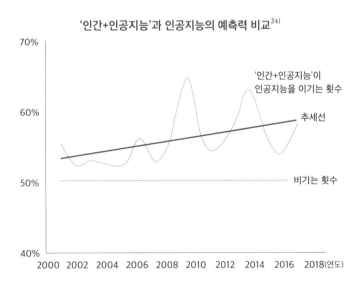

'인간+인공지능'과 인공지능의 예측력 비교[24)]

'인간+인공지능'이
인공지능을 이기는 횟수

추세선

비기는 횟수

AI로 경영하라

를 비교해 보여준다. 이 그래프를 보면 모든 기간에 걸쳐 하이브리드 모델이 인공지능 단독 모델을 능가했음을 알 수 있다.

일단 인공지능의 능력치를 높여라

여기에서 주목해야 할 것은 이런 하이브리드 모델은 시간이 갈수록 더욱 더 강력해진다는 점이다. 사실 미국의 많은 대형 투자사들은 대부분 하이브리드 모델을 사용하고 있으며, 인공지능 단독 의사결정 혹은 인간의 단독 의사결정은 시간이 갈수록 배제하고 있다. 또한 더 많은 투자사들이 '인간＋인공지능'의 모델을 도입함으로써 이전보다 높은 예측력을 보이고 있다.

그렇다면 어떤 투자사가 이런 결합을 효과적으로 활용하고 있을까? 카오 박사팀은 마지막으로 투자사들의 최근 채용 공고 현황을 조사해 각각의 회사가 어떤 인재를 채용하려는지를 알아보았다. 결론적으로 근래 들어 인공지능 인재의 채용을 늘린 기업(전체 채용 대비)의 하이브리드 모델이 그렇지 않은 기업의 하이브리드 모델보다 더 우수했다. 그들의 연구 결과를 종합해서 정리하면 다음과 같다.

＊ 인간과 인공지능의 대결에서는 정보가 투명하고 대중적일수록 인공지능이 인간의 분석력을 이길 확률이 확연히 올라갔다.

＊ 반대로 정보가 불투명하고 인간의 판단력이 요구될수록 애널리스트의 점수가 좋았다.

＊ 애널리스트에 대한 인공지능의 우위는 거의 모든 기업이 인공지능 능력을 갖춤에 따라 점점 줄어들고 있다.

＊ 하지만 재무 지식에 인공지능 지식을 더한 인력을 더 많이 고용하고 인공지능의 능력을 더 키운 기업은 그렇지 않은 기업에 비해 하이브리드 모델에서 앞서가기 시작했으며, 시간이 지날수록 격차가 커지고 있다.

이 연구 결과들을 한 마디로 정리하면, 개인이나 기업이 인공지능의 능력을 키우면서 동시에 하이브리드 모델을 적용할 경우, 크게 앞서 나갈 수 있다는 것이다.

여러 번 말했듯이 인공지능과 인간의 협업 모델은 이미 단독 모델의 성과를 넘어섰다. 그러나 거의 모든 기업이 인공지능을 적극 활용하고 있는 이 시점에 인공지능의 능력치를 더욱 향상시키는 것은 협업 모델을 활용하는 것만큼이나 중요한 일이다.

테슬라의 텐트 공장에서
일어나는 혁신

2018년경 학생들과 실리콘밸리 실습을 갔을 때였다. 매년 실리콘밸리를 방문할 때마다 새로운 교훈과 시사점을 얻었던 터라 기대를 많이 하고 있었다.

버스가 테슬라 공장을 지나갈 즈음 커다란 흰색의 조형물이 보였다. 나는 그것이 요즘 화제가 되고 있는 일론 머스크의 텐트 공장이라는 것을 알아챘다. 머스크가 모든 것을 팽개치고 그 텐트 안에서 숙식을 해결하며 새로운 공정 프로세스를 만들고 있다는 기사를 자주 봤기에, 학생들과 나는 내심 머스크를 볼 수도 있지 않을까 기대하며 창밖을 내다보았다.

일론 머스크가 공장을 로봇 대신 사람들로 채운 이유

머스크는 왜 텐트 공장을 지으면서까지 공정 프로세스를 다시 구축하고 있을까? 알려져 있듯 그의 사업은 한결같이 기존의 사업적 마인드에서 한참 벗어난다. 태양광에너지를 이용해 시속 1,600킬로미터로 달리는 진공 튜브 고속열차인 하이퍼루프 설계, 화성 식민지화 이주 계획, 컴퓨터 칩과 인간의 뇌를 연결하는 뇌-컴퓨터 인터페이스Brain-Computer Interface, BCI 사업 등이 대표적이다.

테슬라 전기차는 머스크가 가장 공들이는 사업 중 하나다. 그는 지금까지 존재한 전기차는 모두 엉터리라며 누구나 타고 싶은 일반적 가격의 스포츠카를 만들겠다고 선언했다. 머스크가 공언한 대로 모든 사람이 탈 수 있는 전기차를 만들기 위해서는 반드시 대량생산체제가 효율적으로 수립되어야 한다. 하지만 생산 공정에 대한 이해가 부족했던 머스크는 인공지능을 통한 완전 자동화 시스템을 추구했고, 인공지능 기반의 전기차 생산 공정을 만들기 위해 엄청난 노력을 기울였다.

하지만 2018년, 그는 인공지능 기반으로 완전 자동화 생산 공정을 실행하려던 자신의 계획이 실패했음을 시인한다. 그는 대중화된 전기차 모델3Model3를 2017년 말까지 2만 대를 생산할 계획이었으나 여름이 지나갈 무렵 겨우 2,000대 남짓 생산하는 데 그치고 만다. 그는 이러한 생산 지연을 두고 "제조 저주Manufacturing Hell에 직면

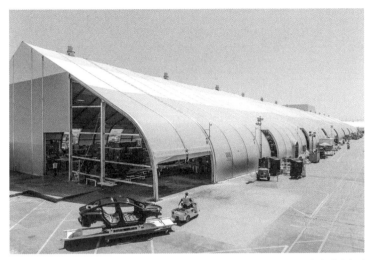

* 실리콘밸리에 위치한 테슬라의 텐트 공장. 일론 머스크는 계획만큼 전기 차의 생산이 이
  루어지지 않자 직접 텐트 공장을 짓고, 그 안에서 여러 방면의 실험을 진행했다.

출처: New York Times

했다"라고 자인한 후, 공정 시스템을 완전히 뜯어 고친다. 공장 옆에
서 숙식을 해결하며 직접 진두지휘하면서 공정 라인 설비를 새로
만들기 시작한 것이다.

일론 머스크가 텐트 공장에서 가장 먼저 한 일은 공정 프로세스
에 맞지 않는 로봇을 걷어내고 그 자리를 사람으로 채우는 것이었
다. 그가 인정했듯이 '가장 선진화된 로봇이 생산 효율을 떨어뜨리
고' 있었기 때문이다. 그가 처음에 설계했던 생산 공정은 단순히 기
존의 생산 방식을 자동화하는 것이었다. 즉, 원래의 프로세스에서

인간이 하던 일을 로봇이 대체하게 하는 것에 지나지 않았다. 하지만 머스크는 그것이 잘못되었음을 깨달았다. 인공지능과 로봇을 제대로 이용하려면 단순 대체가 아닌, 인간과 인공지능이 협업하는 새로운 방식이 설계되어야 한다는 것을 비로소 이해한 것이다.

예를 들어 기존의 방식은 마지막 공정 단계에서 카시트를 본체에 조립해 넣던 인간의 일을 로봇이 하는 식이었다. 하지만 로봇은 나사를 위치에 딱 맞게 넣어 조이는 작업에서 때때로 실수를 했고, 복잡한 전기선들을 연결하는 데 있어서도 숙련된 인간에 비해 어리숙했다. 결국 머스크는 공정 자체를 새로 디자인해 작업 프로세스를 바꿨다. 로봇이 무거운 카시트를 본체로 옮긴 다음 자체 계산에 의해 위치를 맞추면, 최종적으로 인간이 조절하면서 나사를 조여 조립한 후 여러 전기선을 처리하는 식이다.

협업에서 필요한 것은 '실험정신'이다

최고의 기술로 완전한 인공지능 자동화 공정을 이루려던 머스크의 노력은 미디어의 관심을 한몸에 받았지만 결국 실패했다. 하지만 그가 남다른 것은 문제점을 인정하고 실험을 통해 새로운 방식으로 대안을 찾아 문제를 해결해나가는 과정에 있다. 그가 갑자기 텐트 공장을 만든 것은 대규모의 실험을 실행에 옮기기 위해서였다. 그는 생산 공정에서 병목 현상이 생기는 부분에 어떤 해결책을 쓰면 좋을지 알기 위해 인간과 로봇이 각자 해야 할 일을 다양하게 실험했다. 거듭된 실험은 비록 당장의 생산효율을 떨어뜨릴 수 있지만 장기적으로는 훨씬 득이 될 것을 그는 알았다. 때문에 머스크는 이 실험을 위해 프로토타입 형태의 새로운 공장을 만들었던 것이다.

인간과 인공지능의 협업에서 필요한 것은 이러한 실험이다. 아직 누구도 가보지 않은 길이기에 아무도 답을 모른다. 하지만 테슬라의 시행착오에서 나타났듯 인간이 하던 일을 단순히 인공지능이 대신하는 것은 경쟁력 획득에 도움이 되지 않을 확률이 높다. 인간과 인공지능은 각자 잘하는 것을 맡아서 새로운 프로세스를 만들어가야 한다. 이 과정에서 인간은 새로운 능력을 함양해야 하고 조직 역시 직원들이 새로운 역량을 갖출 수 있도록 지원해야 한다.

예를 들어 공장의 작업반장은 과거에는 근로자들을 잘 감독하고 그들로 하여금 기기 관리를 잘하게 하는 것이 임무였다. 하지만 새로운 시대에는 다른 능력이 요구된다. 서모그래피Thermography와 진동 해석Vibration Analysis 등의 분석 툴을 사용해 자원을 효율적으로 관리하고, 로봇 프로세스와 인간 프로세스를 세밀하게 관측해 새로운 프로세스를 조절해나가는 능력이 필요하다.

테슬라는 이 과정에서 인공지능을 새로 트레이닝하기 위해 로봇

엔지니어, 딥러닝 전문가, 컴퓨터 센서 및 비전 시스템 전문가, 머신러닝 전문가 등 기존과 완전히 다른 새로운 인력을 선발했다. 또한 기존 직원들을 완전히 새로운 내용으로 교육하고 있다. 결국 인공지능을 최대한 잘 이용하는 것은 인간과의 협업이고 이것은 섬세하게 설계되어야 한다. 그리고 인간은 전과 다른 시스템에 적응하기 위해 새로운 지식을 익혀야 한다.

현재 모든 자동차회사가 전기차를 미래의 먹거리로 생각하며 내연기관차에서 전기차 생산으로 빠르게 변화해나가고 있다. 테슬라가 세계적인 자동차회사들을 제치고 전기차 생산에서 독보적인 위치를 차지하고 있는 것은 이러한 프로세스의 전환 때문이다. 다른 기업들은 기존의 생산 방식에서 전기차 생산 방식으로 변환하려 시도 중이지만 테슬라는 처음부터 전기차에 맞는 생산 방식을 새롭게 만들고 있다. 머스크가 끊임없이 고민하고 실험하는 것은 인공지능과 인간 협업의 최적화 모델이기 때문에, 설사 과정을 지켜본다 해도 타사에서 쉽게 배우거나 베낄 수 없다. 중요한 것은 인간과 인공지능이 협업한다는 선언적인 태도가 아니라, 그것이 무수한 실험과 연구를 통해 실제적인 방식으로 이뤄져야 한다는 것이다. 테슬라처럼 말이다.

스웨덴 SEB은행을
성공으로 이끈 다섯 가지 비밀

많은 기업들이 고객센터를 운영하고 있다. 많게는 몇 만 명의 직원이 하루에도 수십 만 건 넘는 고객의 질문과 요구사항을 처리한다. 기업에게 고객센터는 꼭 필요한 조직이지만 수익을 창출하기보다는 비용이 나가는 부서다. 때문에 기업들은 비용을 최소화하기 위해 아웃소싱 등 다양한 방법을 이용해왔다.

기업들에게 인공지능의 응용은 곧 고객센터의 자동화를 뜻하는 것처럼 보인다. 인공지능의 확장성을 고객 응대에 적용한다면 꽤 많은 인원을 감축할 수 있다. 365일 쉬지 않고 고객의 요구에 친절하게 답해줄 수 있는 인공지능은 어느 기업이든 꿈꾸는 시스템일 것이다. 하지만 인공지능에게 딱 맞을 것 같은 이 고객 응대에서 성공적인 자동화 케이스는 의외로 드물다.

스웨덴의 SEB은행은 세계에서 가장 먼저 인공지능 시스템을 도입해 고객센터를 혁신한 기업 중 하나다. 아이다Aida라는 가상 인간 서비스를 통해 2017년 슈퍼노바 서비스 혁신상을 수상하기도 했다. 그들이 인공지능 시스템을 어떻게 구상하고 실행했는가를 보면 향후 비즈니스에서 인공지능 프로세스를 구현할 때 인간이 어떤 역할을 하고 어떠한 의사결정을 해야 하는지를 알 수 있다. [25]

성공적인 인공지능 자동화 시스템의 구현을 위해 SEB은행은 다섯 가지 중요한 의사결정을 했다.

이 프로젝트는 무엇으로 정의될까

프로젝트의 성격 규명은 프로젝트의 성패에 큰 영향을 미친다. 국내 기업 대부분이 프로젝트의 성격을 정확히 규명하지 않는 성향이 있는데, 이는 인공지능을 구현하는 모든 업무에 있어 반드시 선행되어야 할 과제다. 대부분의 프로젝트는 비즈니스 케이스와 연구개발Research and Development, R&D 케이스로 나뉜다. 비즈니스 케이스로 분류되면 일단 현업 부서에서 책임지고 프로젝트를 이끌어야 한다. 나름의 명확한 비즈니스 목표가 주어지며 투자수익률 등의 성과 측정이 요구된다. 반면 연구 개발 케이스로 분류되면 특별히

성과 측정이 요구되지는 않고, 이 프로젝트를 통해 이루고자 하는 다른 목표가 설정되며 주로 연구센터에서 주관하는 경우가 많다.

SEB은행에서는 이 프로젝트를 '학습' 프로젝트로 정의했다. 현업 부서와 연구센터에서 공동으로 진행하기로 결정했고, 명확한 목표를 설정했지만(몇 건의 처리, 처리 성공률 등) 비즈니스적 가치에 대한 목표는 설정하지 않았다. 이것은 처음 이 프로젝트의 실행에 대해 의사결정을 하는 단계에서 실무진과 경영진이 협의한 것이다.

SEB은행은 이 프로젝트가 고객 서비스를 점진적으로 향상시킬 수는 있지만 당장의 생산성과는 연관되지 않는다는 것을 처음부터 분명히 했다. 또한 데이터 확보, 인공지능 시스템 학습 그리고 실제 구현을 위해 많은 투자가 필요함을 명확히 공유했고, 실행 전에 이미 경영진의 전폭적인 지지를 이끌어냈다.

인공지능이 해야 할 일은 무엇일까

인공지능으로 프로세스를 자동화할 때 인간이 해야 할 가장 중요한 의사결정 중 하나는 범위를 정하는 것이다. 인공지능의 한계와 장점에 대한 명확한 이해를 바탕으로 어떤 일을 인공지능으로 진행하고 어떤 일을 인간이 수행할지를 정해야 한다.

SEB은행은 일의 복잡성, 콜의 개수, 서비스 시간을 중심으로 인공지능으로 자동화되는 범위를 정했다. 한편 이 서비스의 주된 대상이 외부 고객이므로 인공지능으로 문제를 해결하는 데 있어 고객 불만을 충분히 고려했다.

먼저 워크숍을 통해 고객센터에서 해결해야 할 80종의 문제 중 인공지능이 대응할 문제의 종류를 나열했다. 그리고 본인 확인 후 비밀번호를 초기화하는 법, 계좌를 처음 개설하는 법, 이체 요령 등을 최종 범위로 정했다. 이 일들은 단순하지만 양이 많고 시간이 오래 걸려 인공지능으로 처리했을 때 고객센터의 부담을 많이 덜어줄 수 있는 사안들이었다.

언제 인간이 개입해야 할까

이렇게 인공지능의 일을 명확히 구분한 SEB은행은 인공지능 시스템에 모니터링 기능을 넣어 언제든 인간이 개입할 수 있도록 했다. 모니터링은 인간이 할 수도 있고 인공지능이 스스로 할 수도 있는데, 만약 이 기능 없이 시스템을 디자인한다면, 이는 완벽한 인간 대체 시스템을 구현하려는 의도라 할 수 있다(그것이 가능하다는 전제하에).

인공지능에 자체 모니터링 시스템을 탑재한 SEB은행은 상대방의 기분을 판단하는 기능을 통해 고객의 분노나 짜증이 임계점에 이르렀다고 판단되거나, 인공지능이 고객 문의에 만족스러운 답을 제시할 수 없다고 판단되는 경우 인간으로 프로세스가 전환되도록 했다. 처음에는 고객 콜의 80퍼센트를 자체 해결하도록 디자인되었지만, 실제적인 고객 응대와 시험적 성격을 고려해 인간에게 위임하는 기준점을 낮추어 실행했다. 최종적으로 이 인공지능 시스템은 고객의 만족도를 해치지 않은 범위에서 50퍼센트의 자체 수행률을 보였다.

인공지능을 어떻게 학습시킬까

인공지능 시스템은 데이터를 통해 학습되고, 데이터는 은행에서 제공된다. SEB은행의 예에서 특이한 것은 재학습에 관한 부분이다. SEB은행의 인공지능 시스템은 자신이 해결하지 못한 문제에 대해 인간이 해결하는 과정의 데이터를 받아 재학습을 진행할 수 있도록 설정되었다. 이때 감독자는 이 데이터가 향후 고객 응대에 필요한 정보인지 아닌지를 판단해 인공지능의 재학습 여부를 결정한다. 실행에 대한 판단은 인간의 몫인 것이다.

우리 조직에서 어떻게 실행해야 할까

SEB은행은 인공지능을 고객 응대에 적용하기 전에 고객센터 직원과의 차이에 대한 검증을 먼저 거쳤다. 그리고 직원들을 대상으로 다시 한번 시스템 검증을 실시했다. 또한 이 시스템에 대한 향후 평가 방법은 서비스 콜 해결 건수를 보상하는 방식에서 고객 만족도 조사에 바탕을 두는 것으로 전환되었다. 이런 과정을 거쳐 확정된 조직 디자인은 인공지능 시스템의 성패에 특히 중요한 역할을 했다.

SEB은행은 인공지능 시스템이 단순한 인간의 대체물로 사용되지 않는다는 것을 명확히 했다. 그보다는 직원들의 고충을 최소화하고, 그들이 좀 더 의미 있는 곳에 에너지를 쓸 수 있도록 인공지능이 도울 것임을 공시화했다. 그렇게 함으로써 직원들의 호응을 이끌어내고 성공적으로 시스템을 안착시킬 수 있었다.

SEB은행은 프로젝트의 성격 규명부터 인공지능과 인간의 역할 구분, 인간의 개입 방식과 인공지능의 시스템 학습법 설정, 조직에서의 실행 방법 결정까지 빈틈없이 해냄으로써 이상적인 프로세스를 완성했다고 볼 수 있다. 그들이 선보인 인공지능 활용 모델은 인간과 인공지능의 협업을 계획하고 있는 많은 기업들에게 좋은 본보기가 될 것이다.

의사와 협업하는
인공지능

의료는 인공지능이 가장 먼저 도입된 분야로, 그만큼 많은 데이터가 축적되어 있다. 때문에 의료 분야에서는 인간과 인공지능의 협업에 대한 진지한 고민을 본격적으로 하고 있다. 과거에는 인공지능을 다룬 논문 대부분이 인간과 인공지능의 대결에 중점을 두었다면, 2020년 이후로는 인간과 인공지능의 협업 방식에 집중하고 있어 흥미롭다.

2020년, 의학 저널 〈네이처 메디신Nature Medicine〉에 실린 논문 〈피부암 판독을 위한 인간과 인공지능의 협업〉[26]을 살펴보자. 이 논문에서 필자들은 인간이 인공지능의 도움을 받아 피부암 판독을 한다면 어떤 방식이 가장 좋을지를 논한다. 연구 과제는 사진을 보면서 일곱 가지 피부 질환 중 어떤 병인가를 찾는 것인데, 주어진 일곱 가지 질환 중 세 개는 악성 종양, 네 개는 양성 종양이었다. 이 논문에 따르면 의사들은 자신이 판독한 후 인공지능이 보여주는 결과를 보고 다시 판독했을 때 정확성을 평균 63.6퍼센트에서 77퍼센트로 올릴 수 있었다.

유방암 판독의 정확도를 획기적으로 높이다

이외에도 의료 분야에서 인간이 인공지능과 함께 의사결정을 한 결과를 분석하는 연구가 잇따르고 있다. 그중 최근 서울대학에서 진행한 유방암 진단 연구가 흥미롭다. 발표된 자료에 따르면 유방암은 위암, 대장암, 간암, 자궁경부암에 이어 전체 암 발생 건수 5위에 해당한다. 하지만 여성으로 한정해서 살펴보면 1위다.

유방암은 많은 연구에도 불구하고 뚜렷하게 밝혀진 발생기전이 없고 조기 발견이 특히 중요하기 때문에, 국립암센터 등에서는 40~69세의 여성에게 2년 간격으로 검진할 것을 권고하고 있다.

유방촬영술은 비교적 예측 결과가 정확하고 암을 초기에 진단할 수 있다는 장점이 있으나, 우리나라 여성들은 유방에 섬유질이 많아 초음파 검사를 병행하고 있다. 그런데 초음파 검사는 치료가 필요 없는 양성 종양을 많이 발견한다는 문제가 있다. 양성 종양이

나오면 불필요한 조직검사로 이어져 비용이 발생하고 합병증 위험도 증가한다. 때문에 초음파 검사까지 가지 않고 유방암 검사를 할 수 있는 방법이 필요하다.

　이에 따라 서울대학병원 장정민, 김수연 교수팀은 인간의 지식을 활용한 협업 형태의 유방암 진단 모델을 발표했다. 인공지능을 활용한 보조 진단 소프트웨어에서 추출한 정량적 지표에 영상의학과 의사의 유방 영상 판독 및 데이터 시스템BI-RADS의 최종 평가, 환자 나이 정보 등을 모두 통합해 만든 진단 모델이다. 이 모델은 초음파 검사에서 발견된 양성 종양이 유방암으로 오인되는 오진율, 즉 위양성 진단을 줄이는 것을 목표로 했다. 서울대학병원 홈페이지에 소개된 바에 의하면 이 모델을 사용했을 때 치료가 필요 없는 양성 종양을 가려내는 비율이 약 50퍼센트 증가했고, 이에 따라 전체 종양 발견자 중 조직검사로 이어지는 비율이 기존 98퍼센트에서 48퍼센트로 감소했다.[27]

　이 모델은 인간과 인공지능의 역할을 경쟁우위로 이분화하지 않았다는 점에서 인간과 인공지능의 성공적인 협업 모델이라 할 수 있다. 보다 구체적으로 설명하자면 이 모델은 인간의 지식을 사용해 인공지능의 약점을 보완하는 한편, 전체 프로세스에서 인간이 하는 일과 인공지능이 하는 일을 분리해서 볼 수 있도록 설계되었다.

　아직은 영상의학과 의사의 판단과 환자의 나이 정보만 합친 정도지만 향후에는 다른 병명, 가족력, 환자의 영양 상태 같은 다양한 정보를 넣을 수 있을 것이다. 그로 인해 현재의 '유방 촬영 – 영상 판독 – 조직검사' 프로세스를 조금 더 세밀하게 다듬어, 어느 부분에서 인공지능이 개입하고 어느 부분에서 의사가 판단하는가를 정리하는 데까지 도전할 수 있을 것이다.

완벽하지 않은 인간과 완벽하지 않은 인공지능

인간이 인공지능을 어떻게 활용해야 더 나은 결과를 만들 수 있는가에 대한 논의는 이제 시작 단계다. 앞서 설명했듯 뼈나이를 판독하는 연구에서 인공지능을 활용한 수련의의 정확도는 57.5퍼센트에 불과했다. 인공지능 없이 단독으로 판독했을 때의 정확도(49.5퍼센트)에 비하면 증가한 수치지만 인공지능 단독 판독 결과(69퍼센트)에는 미치지 못한다.

인공지능의 판단 결과가 자신의 판단과 달랐을 때 인공지능을 따를 것인지, 아니면 자신의 판단을 믿고 갈지는 선택하기 어려운 문제다. 판단을 확정하는 데는 자신의 지식에 대한 확신, 인공지능에 대한 믿음, 인공지능의 결과가 주는 정보의 형식에 대한 해석 방식 등 여러 가지 변수가 작용할 것이다.

인간이 그렇듯 완벽한 인공지능은 없다. 여러 번 반복한 얘기지만 인간의 지능과 인공지능의 지능이 작동하는 방식은 다르다. 인공지능은 우리가 못 보는 것을 볼 수 있는 반면, 모든 인간에게 너무나 당연한 현상을 놓칠 수도 있다.

이런 전제하에 우리는 인간과 인공지능이 협업할 때 어떻게 최대의 시너지를 만들어낼 것인지를 계속 고민해야 한다. 인간과 인공지능의 협업은 크게 조직 측면, 프로세스 측면, 개인 의사결정 측면에서 살펴볼 수 있다. 다음 장에서는 이 세 가지 측면에서 어떻게 협업 모델이 만들어지고 있는지에 대해 논의해보려 한다.

인공지능과
의사는 다르다

의료 분야에서 기존의 인공지능 연구는 주로 인간과 인공지능의 대결에서 인공지능이 얼마나 잘 진단할 수 있는가에 초점을 맞추었다. 여기에는 추후 방사선과 의사가 인공지능으로 대체될 것인가 아닌가 하는 논의가 으레 따라붙었다. 하지만 방사선과 의사는 초음파 검사 한 번으로 양성이냐 음성이냐를 판정하는 사람이 아니다. 그들은 많은 시간을 들여 사진을 탐독하고 분석해 병의 유무를 판단한다. 또한 최종 진단까지 사진 판독 외에 다른 여러 정보를 취합하고 분석한다. 병의 진행 과정을 모니터링하면서 사진의 정확성을 판단하며, 그 과정에서 영상 데이터만 확인하는 것이 아니라 환자의 나이, 가족력, 다른 증상 여부 등을 종합적으로 고려한다. 또한 혹시 있을지 모를 영상 오차를 확인하고, 환자에게 적절한 후속 질문을 하며 환자가 거짓말하는 것도 판별해낸다. 증상에 대한 과장 혹은 축소된 설명을 알아차리고 환자가 처한 특수한 상황까지 파악해내는 것이다. 여기에 더해 환자를 고려한 응대를 통해 환자가 편안한 마음을 갖게 하는 커뮤니케이션, 다른 전문의와 연계를 통한 소통까지 일임한다.

이처럼 의사는 인공지능처럼 병이 있는지 없는지, 있다면 어떤 병인지 단순히 판독하고 분석하는 역할만 하지 않는다. 이들은 끊임없이 교류하고 소통하며 치료의 전반을 환자와 함께하는 사람들이다. 때문에 단순히 인공지능이 의사의 역할을 대체할 수 있는지, 그 능력치를 확인하는 것에만 집중하는 것은 아주 위험한 일이다.

인공지능을 비즈니스에서 활용할 때는
생각보다 많은 것을 고민해야 한다.
인공지능의 리스크 관리부터 '데이터 분석가'의 필요성까지,
실패하지 않고 무사히 인공지능을 비즈니스와 결합하기 위해
알아야 할 전략들을 살펴보자.

5장

인간의 머리와 인공지능의 다리를 합치는 법

인공지능 시대의 승자가 되는 무기, 케이론 모델

체스 그랜드마스터 가리 카스파로프는 슈퍼컴퓨터 딥블루에게 패배하며 '기계에게 진 인간'이라는 불명예를 안았지만 기계가 인간 챔피언을 무너뜨린 이 사건은 인공지능이라는 새로운 시대의 개막을 알린 순간이기도 하다. 하지만 중요한 것은 다음 행보다. 앞서 설명했듯 카스파로프는 뼈아픈 패배의 경험을 토대로 인간과 인공지능이 협업해 한 팀을 이루는 새로운 게임 형식을 만들어냈다. 인간과 기계 사이의 협력이 인간의 창조성을 극대화할 수 있음을 보여준 이른바 '켄타우로스 체스'가 그것이다.

가장 현명한 반인반마

켄타우로스는 상반신은 사람, 하반신은 말인 상상의 종족이다. 하지만 하반신의 본능이 너무 강한 나머지 상반신의 머리가 이것을 컨트롤하지 못해 난폭하고 파괴적인 면모를 드러내곤 했다. 그리스 신화에 나오는 테살리아 왕의 결혼식 장면을 보면, 결혼식에 초대받았던 켄타우로스들은 만취된 모습으로 행패를 부렸고 결국 이것이 인간과의 전쟁으로 이어진다. 지혜와 힘을 동시에 지녔음에도 두 가지가 조화와 균형을 이루지 못해 참담한 결과를 가져왔던 것이다.

하지만 그리스의 신화에는 아주 특별한 켄타우로스가 등장한다. 다른 켄타우로스들과 달리 매우 현명하고 뛰어난 현자인 '케이론'이다. 신화에 의하면 케이론은 의술, 예술, 철학에 강했고 예언의 능력도 갖고 있었다. 온화하고 박학다식했던 그는 그리스 신화에 나오는 수많은 영웅들의 스승이기도 했다. 우리가 아는 이아손, 헤라클레스, 아킬레우스 그리고 의술의 신으로 등극한 아스클레피오스가 모두 케이론의 가르침을 받았다. 케이론은 이들에게 전술, 음악, 윤리, 의술 등을 가르쳤다. 한마디로 그는 지혜와 힘을 잘 조화해 최고의 능력을 보인 아주 특별한 존재였다.

＊ 그리스 신화에 등장하는 켄타우로스는 인간의 머리와 동물의 힘을 갖고 있었으나 머리가 힘을 통제하지 못해 난폭한 행동을 보이곤 했다.

출처: 장 밥티스트 레뇨 남작, '켄타우로스 케이론에 의해 교육받는 아킬레우스', 1782년

머리와 다리의 역할 조정이 중요하다

인공지능 시대의 초입에서 우리는 파괴적인 켄타우로스를 현명한 케이론으로 성장시켜야 하는 과제를 안고 있다. 인간의 통제를 벗어나 힘만 자랑하는 인공지능은 위험하다. 지금은 단순히 성능이 뛰어난 인공지능을 만드는 데 총력을 기울이고 있지만, 사실 더 고민해야 할 것은 인간과 인공지능의 하이브리드 모델이다. 단순히 두 능력을 합치는 것을 넘어 효율적인 조합으로 시너지를 내게 하는 방법을 고민할 필요가 있다. 나는 이것을 '케이론 모델'이라 부르려 한다. 케이론 모델을 보다 섬세하게 디자인하려면 조직, 업무 프로세스, 개인의 의사결정이라는 세 측면에서 조망해볼 필요가 있다. 이 과정에서 집중해야 할 것은 머리와 힘의 역할 분배와 상호작용이다.

케이론 모델의 활용과 쟁점

적용 영역	머리와 힘의 역할 조정	쟁점
조직	머리 : 기업의 전략, 협업 부서 힘 : 인공지능 부서	프로젝트 선정, 목적 설정, 인공지능팀 구성, 두 조직 간의 커뮤니케이션
업무 프로세스	머리 : 프로세스에서 인간이 할 일 힘 : 프로세스에서 인공지능이 할 일	프로세스 분할 방식, 역할 전환, 상호 모니터링
개인의 의사결정	머리 : 전문가의 판단 힘 : 인공지능의 판단	언제 인간의 판단에 따르고 언제 인공지능의 판단에 따를지 결정 기준

조직 측면

조직 내의 현업팀과 인공지능 부서의 협업에 관한 사안이 주요 논점이 된다. 현업팀(또는 기획팀)은 인공지능에 관한 전략을 정의하는데, 어떤 종류의 인공지능 프로젝트를 진행할 것인지(목표, 프로젝트 선정과 범위), 인공지능팀을 어떻게 운영할 것인지(집중화할 것인지, 분산시킬 것인지, 아웃소싱할 것인지)를 정해야 한다. 마지막으로 인공지능팀과 현업팀이 어떻게 커뮤니케이션할 것인가 등의 이슈가 디자인되어야 한다.

업무 프로세스 측면

업무 프로세스상 인공지능이 처리할 일과 인간이 처리할 일을 나누는 기준을 정해야 한다. 두 주체 간의 정보 교류, 모니터링, 교대 원칙, 인간의 개입 룰 등이 논의되어야 한다.

개인의 의사결정 측면

개인의 의사결정에서 인공지능과 협업할 때는 언제 인공지능의 결정을 따라야 하고, 언제 인간이 직접 결정해야 하는지가 중요하다. 때문에 이 둘의 결정을 비교해 최종적으로 더 나은 의사결정을 할 수 있도록 디자인하는 것이 핵심이다.

왜 눈에 띄는
성과가 없을까

많은 기업들이 인공지능, 빅데이터 또는 데이터 분석팀을 새롭게 구성하면서 인공지능 프로젝트를 수행하고 있다. 기업의 데이터를 환경에 맞춰 분석·통합하기 위해, 빅데이터 소프트웨어 툴과 하드웨어에 상당량의 투자를 하고 있는 추세다.

하지만 소프트웨어와 하드웨어를 아무리 잘 갖췄다 해도 이것을 제대로 다룰 인력이 없다면 무용지물이다. 때문에 기업들은 빅데이터 분석이나 인공지능과 관련한 신규 인력을 고용하는 중이다. 하지만 이러한 투자에도 불구하고 아직 눈에 띄는 성공 소식은 들려오지 않는다.

맥락을 알면 언제나 성공이다

미국의 리서치업체 가트너Gartner에 따르면 빅데이터 프로젝트의 실패 비율이 85퍼센트에 근접하며, 77퍼센트의 경영자들이 인공지능을 기업에 도입하는 것은 버거운 일이라고 답했다.[28] 유례 없이 막대한 투자가 계속되는데도 아직 성공 사례가 많지 않은 이유는 무엇일까?

최근 MIT 슬론경영대학원에서 발표한 리포트[29]를 살펴보자. 수많은 데이터 과학 프로젝트가 구현되지 못하는 이유를 다룬 이 리포트에는 데이터 분석가 하이렌 마니아르Hiren Maniar의 사례가 나온다. 그는 특히 'K-평균 군집화K-means clustering'라는 데이터 분석 방법에 정통한 사람이다. 그는 이 기법으로 기업 고객들을 분석해 33개의 산업 부문 중 가장 수익성이 높은 두 부문을 찾아내 현업 부서에 제시했다.

정보를 얻은 현업 부서는 어떤 반응을 보였을까? 사실 그 분야에 있는 사람들은 그동안의 경험과 간단한 계산으로 두 산업 부문의 중요성을 이미 알고 있었다. 이 리포트에 의하면, 이외에 다른 인공지능 프로젝트 케이스들을 더 조사한 결과 하이렌 같은 데이터 분석가들이 제시한 해법들은 하나같이 현업 종사자들이 익히 알던 것이거나 적용하기가 힘든 것이었다.

결국 문제는 분석 자체가 아니라 분석을 어디에 적용해야 하는지 그 맥락을 이해하지 못하는 데 있었다. 빅데이터나 인공지능 프로젝트에서 분석 방법이 잘못되어 프로젝트가 성공하지 못하는 경우는 거의 없다. 대부분의 실패는 빅데이터나 인공지능 전문가들이 비즈니스 맥락을 이해하지 못한 채 분석하고, 그 결과를 비즈니스 해법으로 제공하는 데 있다. 지혜 없이 힘만 남용하는 켄타우로스처럼 말이다.

그렇다면 조직이 인공지능을 활용할 때 어떻게 해야 지혜와 힘을 모두 갖춘 케이론 모델을 만들 수 있을까? 당연한 얘기 같지만 인공지능 프로젝트에 관한 연구에서 가장 큰 실패 요인으로 거론되는 것이 바로 전략의 부재다.

MIT와 보스턴경영컨설팅그룹이 공동으로 전 세계 112개국 3,000여 명의 경영인 및 데이터 전문가를 대상으로 조사한 결과, 현재 인공지능을 통해 성과를 거두고 있는 기업들과 그렇지 못한 기업들의 가장 큰 차이점을 찾아냈다. "우리 기업은 인공지능을 통해 어떤 일을 하는가에 대한 기업 측면의 전략을 갖고 있는가?"라는 질문에 대해, 잘하고 있는 기업의 88퍼센트가 "아주 그렇다"라고 답한 반면 못하고 있는 기업은 12퍼센트만이 이렇게 답했다.[30]

위 조사에서도 드러나듯, 기업이 인공지능을 통해 성공하려면 자본력이나 기술 같은 자원에 앞서 목표에 부합하는 뚜렷한 전략이 있어야 한다. 이것을 위해 조직에서는 다음 세 가지 질문에 대해 준비된 답을 갖고 있어야 한다.

* 인공지능과 빅데이터를 업무 영역에 적용할 것인가, 전반적 비즈니스 모델 변환에 적용할 것인가?
* 인공지능팀 또는 빅데이터팀을 어떻게 배치해 현업팀과 소통하게 할 것인가?
* 인공지능 문제를 어떤 방식으로 도출할 것이며, 기대되는 효과와 리스크 관리는 어떻게 할 것인가?

인공지능을 적용하는 두 가지 방법

위의 세 질문은 기업이 알아야 할 인공지능 전략의 핵심이라 할 수 있다. 우리가 가장 먼저 해야 할 일은 기업이 인공지능 프로젝트를 업무 단위 영역에서 선정할 것인가, 아니면 비즈니스 모델 전체로 끌고 갈 것인가를 정하는 것이다. 업무 영역 단위에서 정한다면 각각의 분야에서 병목현상이 있는 곳, 빠른 개선이 필요한 곳 등을 정의해야 한다. 다른 한편으로는 인공지능이나 빅데이터 분석의 적용 가능성을 평가해 이 두 개를 매칭할 수 있는 인공지능 프로젝트를 선정해야 한다.

이와 관련해 영국, 오스트리아, 핀란드 연구진으로 구성된 비드겐Richard Vidgen 교수팀은 어떻게 인공지능 프로젝트를 보텀업bottom-up 형식으로 정의하는가에 대한 사례 연구를 진행했다.[31]

* **1단계_워크숍 개최** : 현업에서 인공지능 전문가와 팀을 이룬 후, 업무 상에서 개선해야 할 분야를 선정한다. 데이터 분석을 통해 과제 중 예상되는 어려움을 도출한다.

* **2단계_전문가 모임** : 인공지능 전문가와 현업 전문가가 모여서 1단계의 결과를 검토하고 주요 항목으로 한정해 선정한다.

* **3단계_최종 선정** : 인공지능 전문가, 현업 전문가가 다시 한번 리스크를 고려해 최종 항목을 결정한다. 이 단계의 핵심은 현업의 동의, 인공지능 전문가의 가능성 평가, 프로젝트의 최종 리스크 평가다.

위의 단계들은 그들이 제시한 보텀업 형식을 정리한 것이다. 대부분의 기업은 위와 같은 업무 단위의 인공지능 프로젝트를 진행하고 있지만, 거시적인 비즈니스 전략 차원에서 톱다운top-down 방식을 활용할 수도 있다. 사실 이 두 방식의 경계가 모호하지 않느냐고 반문하는 사람도 많다. 하지만 인공지능 프로젝트를 기업 비즈니스 모델의 변형을 위해 전사적으로 사용하고 있는지 아니면 기업의 단위 업무 개선에 사용하고 있는지를 살펴보면 쉽게 구별할 수 있다.

처음에는 인공지능을 업무 단위로 적용하다가 경험과 기술, 노하우를 습득하면서 비즈니스 변환을 위해 좀 더 거시적인 방향으로 적용할 수도 있다. 세계적인 가구회사 이케아가 대표적인 예다.

데이터와 인공지능의 가치를 일찍이 파악한 이케아는 2010년부터 이미 데이터 분석 프로젝트를 실행하고 있었다. 그들은 특히 고객 마케팅 측면에서 매장의 고객 동선을 분석해 매출 향상, 카탈로그 배포를 위한 고객 선정, 온라인에서의 상품 추천 등에 인공지능을 활용했다(업무 단위 영역의 적용). 하지만 코로나 팬데믹 이후 모든 것이 바뀌고 말았다. 매장 방문 고객이 줄면서 전 세계적으로 75퍼센트의 매장을 닫아야 할 상황에 처한 것이다.

업무 단위의 개선만으로는 더 이상 생존이 어렵다고 판단한 이케아는 인공지능을 톱다운 방식의 기업 전략으로 활용해 새로운 활로를 모색했다. 그들은 먼저 구글 출신 전문가를 영입해 사업 전반을 온라인 위주로 전환했다. 그 일환으로 기존의 매장들을 고객들이 온라인 주문 후 상품을 받아가는 곳으로 바꾸기 시작했다. 이제 그들에게 필요한 데이터 전략은 고객의 주문을 예측해 전반적인 공급망을 재편하는 것이었다. 그들은 각 매장의 상품들을 재고와 연결해 어떻게 하면 상품을 매장마다 배치할 수 있는지를 연구하기 시작했다. 현재 이케아는 오프라인 중심에서 온라인 중심으로 변환하는 비즈니스 전략 관점의 인공지능 프로젝트를 수행 중이다.

이렇듯 전략 설계의 첫 번째 핵심 요인은 인공지능의 사용 범주를 정하는 것이다. 이제 두 번째 핵심 요인인 팀 구성에 대해 살펴보자.

인공지능과의
네 가지 팀 운영 방식

성공적인 인공지능 전략을 갖추기 위해 생각해봐야 할 또 다른 문제는 팀 운영 방안이다. 인공지능팀의 성공은 현업팀과 어떻게 문제를 정의하고 해결하는가에 달려 있다. 현업팀과 인공지능팀이 조화를 이루려면 먼저 인공지능팀의 운영 방안을 정해야 한다.

이때 팀은 크게 네 가지 형태로 구성할 수 있다. 인공지능 단독팀 운영, 현업팀 위주의 운영, 인공지능팀에 필요시마다 현업 종사자를 배치하는 방식, 애자일Agile 프로젝트팀을 별도로 운영하면서 프로젝트별로 인공지능 전문가와 현업 인원을 선별하는 방식이다.

인공지능 단독팀을 꾸린다면

인공지능 초기 단계에는 많은 기업이 별도로 인공지능팀과 빅데이터팀을 운영했다. 하지만 이 경우 현업팀의 도움을 받기 힘들어 문제가 무엇인지 찾기 어려울뿐더러 문제해결에 필요한 데이터를 제공받기도 힘들다. 또 문제해결 프로세스를 잘 완성했다 해도 인공지능팀에 의해 제안된 솔루션을 현업에 적용하는 데 어려움이 있다. 결국 이런 문제를 해결하기 위해서는 인공지능팀과 현업팀이 협업해나가는 길이 마련되어야 한다.

C사는 굴지의 화장품 회사다. 지금은 안정적인 성과를 내고 있지만 인공지능 도입 초반에는 이 회사 역시 국내 대다수 기업이 처음 인공지능을 도입할 때와 같은 어려움을 겪었다. 그들은 열성적으로 인공지능·빅데이터를 준비했고 거기에 알맞은 직원을 선발해 팀(인공지능 단독팀 운영 모델에 해당)을 구성했다. 직원들은 모두 파이토치Pytorch, 텐서플로Tensorflow 등의 인공지능 엔진을 다루는 데 능숙했고, 최신 분석 툴에도 정통했다.

하지만 그들은 시작부터 난항에 부딪혔다. 가장 처음 직면한 문제는 프로젝트 과제를 정하는 일이었다. 그들은 마케팅, 판매, 유통, 고객 관리 등 현업 부서의 직원들을 직접 만나 이 문제를 풀려 했다. 하지만 현업 종사자들은 초기에만 잠시 관심을 두었을 뿐, 협업에 적용하는 과정에서 손을 떼기 시작했다. 현업으로 바쁜 직원들이 실무를 하나도 이해하지 못하는 인공지능 전문가들에게 자신의 문제를 설명하는 것이 너무 어려운 과제임을 깨닫기 시작하면서 관심을 접어버린 것이다.

이런 경우 서로 관심 있는 프로젝트 과제가 정해지더라도 다시 '데이터 활용의 난관'이라는 문제에 부딪히게 된다. 일단 현업 종사자들은 데이터를 순순히 내주고 싶어 하지 않을뿐더러 내주더라도 산재한 자료를 취합해 분석팀이 원하는 형태로 가공해 전달할 만큼의 시간과 열의가 없다. 물론 IT 부서를 통해 얻을 수도 있지만 이것 역시 현업팀의 협조 없이는 불가능한 일이다. 이런 상황이 반복되면 인공지능팀은 독자적으로 프로젝트를 기획해 진행하게 되고, 결국 앞서 소개한 MIT 보고서의 하이렌 마니아르 사례의 전철을 답습하게 된다.

현업팀이 곧 인공지능팀?

인공지능팀 운영의 두 번째 방식은 실무를 담당하고 있는 현업 종사자 중 적격자를 선발한 다음 인공지능, 빅데이터 교육을 통해 이 분야의 이해도를 높인 후 별도의 인공지능팀 없이 운영하는 것이다. 이 경우 현업에 대한 이해도가 높아 자신들에게 맞는 비즈니스 문제를 도출할 수 있으며 데이터 확보도 상대적으로 수월하다.

만약 분석 단계에서 깊은 수준의 기술적 능력이 필요할 경우에는 외주를 활용하거나 IT부서로부터 도움을 구할 수 있다.

NH농협은 현업 팀에서 빅데이터·인공지능 전문가를 양성한 다음 인공지능팀을 운영했다. 이 팀에 투입된 전문 인력은 조직 내에서 선발되어 재교육된 사람으로 현업 이해도가 높았다. 또한 최고경영자 직속으로 팀이 꾸려져 조직 내 협업을 성공적으로 이끌 수 있었다.

이 방식의 장점은 인공지능 문제를 도출하는 데 있어 현업의 이해도가 높고 데이터도 수월하게 확보할 수 있으며, 프로젝트를 실행할 때도 힘을 받을 수 있다는 점이다. 또한 지속적으로 프로젝트를 진행하면서 남다른 노하우를 축적할 수도 있다.

하지만 통계학이나 컴퓨터에 대한 사전 지식이 없는 상태에서 단기간에 인공지능이나 머신러닝 등의 분석법을 배우기란 쉽지 않다. 현업 종사자들이 인공지능이나 빅데이터의 중요성을 인식하는 것은 의미 있지만, 기술에 대한 이해도가 인공지능 전문가를 따라갈 수는 없어 높은 기술 사양이 요구되는 프로젝트에는 적합하지 않다는 한계가 있다. NH농협의 경우 전문 외부 인력을 투입함으로써 이 문제를 해결하고 있다.

필요시 인공지능팀이 되는 현업팀

세 번째 방식은 현업에서 문제를 정의한 후(또는 상위에서 전략적으로 문제를 정의한 후) 몇몇의 현업 인력을 인공지능팀에 배치하는 방식이다. 그들이 현업과 인공지능 업무의 연결고리가 되어 문제를 해결한다. 물론 이 경우에는 현업에서 어떤 인력(인공지능에 어느 정도 전문성을 갖춘)을 파견하는가 하는 문제가 있을 수 있다. 반면 현업 종사자들의 교육에 대한 부담을 상당히 줄일 수 있다는 이점도 있다. 비즈니스 분야 전반에 걸친 인공지능과 빅데이터 교육은 필요하지만, 실무에 필요한 고난도의 교육은 하지 않아도 되기 때문이다.

다국적 보험회사인 B사는 고객 마케팅, 신제품 추천, 보험료 연체자 관리 등에서 인공지능과 빅데이터를 이용하기로 했다. 이들이 이용한 방식은 국내 많은 기업이 시도했던 인공지능 단독팀 운영 방식이었다. 하지만 그간의 축적된 경험으로 이 방식의 단점을 알고 있던 B사는 인공지능팀을 사장실 직속으로 두는 대안을 택했다. 이렇게 하면 프로젝트 선정과 진행이 톱다운으로 이루어지기 때문에 현업팀이 협조하지 않을 수 없는 구조가 만들어진다. 이에 따라 B사는 현업팀과의 커뮤니케이션 문제를 상당 부분 해결할 수 있었다.

하지만 이 방식은 구조적으로 지속성을 갖기 힘든 측면이 있어 인공지능 활용 초기 단계에만 사용되었다. 이후 이 팀은 마케팅 부서로 흡수되어 현업팀이 속하게 되었고, B사는 세 번째 방식, 즉 인공지능팀에 필요시마다 현업 인원을 배치하는 방식을 택하게 되었다.

모였다가 흩어지는 애자일팀

최근에는 프로젝트 기반의 애자일팀을 만들어 현업팀과 인공지능팀이 함께 일하는 방식이 많이 시도되고 있다. 이 방식에서 애자일팀은 특정 프로젝트를 수행할 때만 존재하며 프로젝트가 종료되면 각자 자신의 팀으로 돌아간다. 수평으로 조직을 구축하고 전략의 실행력을 높이기 위해 기민하게 움직이면서 빠르게 의사결정하는 것이 애자일팀의 핵심이다. 효율적으로 각자의 능력을 잘 발휘할 수 있는 방식인 동시에, 개인의 실력과 성과가 고스란히 드러나는 방식이기도 하다.

이 방식은 팀을 누가 이끌고 어떤 프로젝트를 수행할 것인가, 팀이 해산되어 소속팀으로 돌아갔을 때 제대로 평가할 수 있는 시스템이 있는가가 성패의 관건이다. 즉, 애자일팀의 운영에서 가장 중요한 것은 프로젝트의 목표와 범위 그리고 사후 평가다. 일반적으로 구성원들이 다양한 역할을 하고, 기업 전략과 연계되어 있는 프로젝트일수록 중요도가 올라간다. 반면 이런 프로젝트는 업무 성격이

팀의 범위를 벗어나기 때문에 관리와 평가에서 문제가 생길 수 있다. 따라서 이 방식은 유연한 조직 문화를 갖고 있는 기업이 아니면 생각만큼 성공하기 쉬운 모델은 아니다.

유통업계에 속한 K사의 인공지능 분석팀에 있는 A대리의 이야기를 살펴보자. 그는 지난주 갑작스레 애자일 방식의 조직 변동 소식을 듣고 고민이 많아졌다. 최근 다른 기업에서 애자일 조직을 만들고 빠른 변화를 이끌어가는 모습에 감명받은 사장님의 지시로 이번 분기부터 K사도 애자일 조직이 출범하게 된 것이다.

팀 내 직원들은 서로 다른 프로젝트에 배치되기 시작했다. 분석 기획을 하던 동기 B대리는 마케팅 부서의 신규 프로젝트에 참여한다고 했는데 일주일째 얼굴도 보지 못했다. 분석가 C주임은 아예 노트북을 들고 다른 층으로 출근하기 시작했다. A대리 역시 팀장의 지시에 따라 신규 판매 예측 모델 적용 프로젝트를 위해 IT 부서, 판매 부서, 유통 부서와의 애자일 프로젝트에 참여하게 되었다.

그러기를 수일. 어느 금요일에 팀원들이 한자리에 모여 주간 업무를 보고하는데 도대체 각자 무슨 일들을 하는지 하나도 알아들을 수가 없었다. 문제는 또 있었다. A대리는 각 프로젝트의 마스터에게 일일 단위로 업무 보고를 하며 열심히 일했다고 자부했다. 하지만 팀에 돌아와 업무를 보고했더니 어떤 내용인지 직속 팀장이 이해하지 못해 인정을 받지 못하는 느낌이 들었다.

애자일팀 방식은 현재 가장 많이 시도되고 있는 방식으로 국내에서도 이를 따르는 기업이 적지 않다. 하지만 조직 관리에서 기본적인 매트릭스 형식(원래 속한 팀과 프로젝트팀 양쪽에서 성과를 평가하는 방식)으로 평가하는 것이 정확히 디자인되지 않으면 성공 모델을 만들기 어려울 수도 있다.

지금까지 성공적인 인공지능 전략 설계를 위해 팀을 어떻게 구성할 것인지에 대해 알아보았다. 다음으로 인공지능 전략의 세 번째 핵심 요인인 리스크 관리에 대해 알아보자.

인공지능의 생명은
리스크 관리다

국내 스타트업 스캐터랩이 출시한 챗봇 이루다는 딥러닝 기술을 이용한 대화 모델이다. 100억 개에 달하는 말뭉치를 학습해서 국내 챗봇 중 가장 자연스럽게 대화한다는 호평을 받으며 출시 2주 만에 75만 명의 친구가 생겼다. 공식 설정에는 없지만 서울 소재 대학에 다니면서 카페 알바를 하고 SNS에 사진도 공유하는, 이른바 '살아있는 인공지능'으로 불린다. 하지만 다정하고 친근했던 이루다는 어느 순간부터 사회적 소수자에 대한 혐오와 차별 발언을 쏟아내기 시작했고 한동안 서비스가 중지되었다.

욕하고 차별하는 인공지능

모든 프로젝트에서 리스크 관리는 매우 중요한 문제다. 데이터를 이용하는 빅데이터나 인공지능 분야에서는 리스크 관리가 특히 더 중요하다. 데이터를 수집·가공·분석하는 프로세스에서 편견이 생길 수 있으며, 개인의 사생활과 관련된 문제들을 다루고 있기 때문에 리스크 관리에 더욱 철저해야 한다.

앞서 예로 든 챗봇 이루다는 리스크에 대한 사전 관리가 소홀해 문제가 된 대표적인 예다. 이와 비슷한 예로 마이크로소프트가 개발한 챗봇 테이Tay가 있다. 테이는 10대들의 SNS를 그대로 읽어와 학습시켰는데, 그 결과 인간과의 채팅에서 욕설이나 인종차별적인 대답을 자주 했다. 처음부터 인종차별주의자로 프로그래밍된 것이 아니라, 대화하는 사람의 말을 그대로 따라 하는 설계 방식 때문에 부정적인 워딩을 학습한 것이다.

챗봇 외에도 프롤로그에서 소개한 네덜란드의 아동수당 부정 수급 문제, 성희롱 문제, 개인정보 유출 등도 리스크 관리가 미흡한 데서 오는 문제다. 이처럼 리스크 관리는 뉴스 추천, 면접 및 채용, 대출 결정, 자율주행차 등 거의 모든 빅데이터·인공지능에서 조심스레 다루어야 할 이슈다.

현명한 리스크 관리를 위한 두 가지 기준

기본적으로 프로젝트 선정에 관한 리스크 관리에 있어서 우리가 유용하게 쓸 프레임워크(복잡하게 얽혀 있는 문제를 해결하기 위한 구조)는 리스크의 높낮이와 결과에 대한 확인의 높낮이다. 리스크의 높낮이란 그 인공지능이 실행된 후 의도하지 않은 결과로 흐를 리스크의 수준을 뜻한다. 확인성의 높낮이는 인공지능 실행 후의 결과에 대해 인과성을 가늠하는 척도다.

예를 들어 인공지능 스피커의 경우, 내 말을 못 알아듣거나 내가 원하는 것을 그대로 실행하지 못하는 것으로 그 결과를 바로 확인할 수 있다. 즉 확인성이 높은 시스템이다. 하지만 면접관이 인공지능 채용 시스템을 사용한 경우라면 어떨까? 정말로 좋은 사람을 채용했는지는 사후에도 정확히 파악하기 힘들다. 몇 년 후 인사평

리스크와 확인성에 따른 인공지능 분류

확인성＼리스크	높음	낮음
높음	자율주행차, 챗봇 시스템 (인간과 인공지능의 협업 프로세스가 중요함)	인공지능 스피커 (기대관리가 중요함)
낮음	면접 시스템 (리스크를 최소화하는 방향으로 활용해야 함)	상품 추천 시스템 (바로 활용이 가능하나 효과 정도를 파악하기 어려움)

가 등의 점수로 판단할 수 있지만 평가 점수가 주관적일 수 있으며 점수 책정에 다른 변수가 작용했을 확률도 높기 때문이다.

인공지능 스피커 사용자의 리스크는 기껏해야 내가 원하지 않는 음악을 듣는 정도라 그렇게 높지 않다. 반면 채용 시스템은 스피커 오작동보다는 훨씬 높은 리스크를 감수해야 한다. 따라서 인공지 능 스피커는 확인성은 높으나 리스크는 낮은 시스템에 속하며, 채 용 시스템은 확인성은 낮으나 리스크는 높은 시스템에 속한다. 때 문에 기업 입장에서는 각각의 시스템을 활용하는 데 있어 다른 전 략을 취할 필요가 있다.

리스크가 낮고 확인성도 낮은 시스템

리스크가 낮고 확인성도 낮은 시스템은 바로 적용이 가능하다. 알고리즘에 의한 상품 추천 시스템이 대표적인 예다. 물론 상품 추 천 시스템의 효능에 관해서는 별도의 연구가 필요하지만 리스크 관 리 측면에서는 별 문제 없이 활용할 수 있다.

리스크가 낮고 확인성이 높은 시스템

리스크가 낮고 확인성이 높은 시스템에 대해서는 기대 관리가 가 장 중요하다. 다시 인공지능 스피커를 예로 들어보자. 처음부터 탁월 한 성능의 인공지능 시스템으로 포장하기보다는 사람의 벗이 되는 다정하고 귀여운 시스템으로 포장해 대중에게 다가가는 것이 좋다.

리스크가 높고 확인성도 높은 시스템

리스크와 확인성이 모두 높은 시스템은 가장 활용하기 어려운 시스템이다. 성능이 어느 정도 보장되기 전에는 사람보다 나은 인공지능 시스템으로 포장해서는 안 되며, 인간과 협업하되 최종 결정은 인간이 하는 방식으로 활용해야 한다. 자율주행차 시스템이 대표적인 예라 할 수 있는데, 리스크가 높고 확인성도 높은 시스템으로 완전 자율 시스템을 구현하기에는 높은 허들이 존재한다. 기업에서 많은 관심을 갖는 헬프 데스크의 챗봇 시스템도 리스크와 확인성이 둘 다 높기 때문에 완전 자동 시스템을 가동하기에는 부담이 크다.

이런 시스템에서 모든 것을 인공지능에게 일임하는 것은 매우 위험하다. 이때는 인간과 인공지능의 협업 프로세스를 사용하는 것이 좋다. 일례로 고객 상담 챗봇의 경우에는 기업의 상황에 따라 다음처럼 여러 가지 모델을 생각해볼 수 있다.

* 챗봇의 완전 자동화
* 초기 고객 상담을 바탕으로 인공지능 상담과 인간 상담으로 나누어 진행
* 인간이 모든 상담을 하되 인공지능 시스템을 보조 도구로 활용
* 기본적으로 인공지능이 상담을 진행하며 인간이 모니터링하다가 필요 시 개입

사실 챗봇을 도입하는 기업에서 잘못된 가이드라인과 인공지능에 대한 이해 부족으로 초기부터 완전 자동화 모델을 시도했다가 낭패를 겪는 사례가 많다. 현재는 세 번째 방식인 보조 도구로서의 인공지능을 많이 사용하고 있지만 곧 기업들은 두 번째 혹은 네 번째 방식을 많이 사용할 것이다. 하지만 이렇게 하기 위해서는 현재의 데이터와 사례 분석을 통해 인공지능의 일과 인간의 일을 어떻게 구분할 것인지, 어떻게 모니터링(사람의 말투와 호흡 등을 분석)하고 어떻게 인간이 개입할 것인지 세밀한 시나리오와 기술 개발이 필요하다.

리스크가 높고 확인성이 낮은 시스템

이 경우에는 인공지능을 활용하되 리스크를 줄이는 방향으로 가야 한다. 면접 시스템이 대표적인 예라 할 수 있는데, 채용에 인공지능을 적용할 경우 인공지능 시스템에 완전히 의존하기보다는 직무 적합도 분석, 자기소개서 표절 여부 판단 등 일부 항목에만 사용하는 것이 적합한 활용법이라 할 수 있다.

연결하고 중재하는
'퍼플 피플'

조직에 인공지능을 적용할 때 가장 중요한 것은 '어떤 프로젝트를 누가 선정하느냐'다. 대부분의 기업에서 실패하는 포인트도 이지점이다. 기업의 '머리(전략팀)'가 프로젝트를 선정하는 경우, '다리(인공지능과 데이터의 구조)'가 어떻게 움직이는가에 대한 실제적인 이해가 부족해 실패하기 쉽다. 반대로 다리(인공지능 전문가 혹은 관련 팀)에서 제안하는 경우에는 전체적인 방향성을 읽지 못해 실패로 귀결되는 수가 많다. 이 문제를 해결하기 위해 가장 필요한 작업은 이 두 섹션을 연결할 수 있는 '퍼플 피플Purple People'의 구성이다.

인공지능 시대를 이끌어갈 '데이터 통역가'

인공지능 비즈니스 분야의 그루인 토머스 H. 데이븐포트는 향후 인공지능 시대에 가장 유망한 직종의 인력으로 '퍼플 피플'[32]을 뽑았다. 퍼플 피플이란 데이터 분석과 공학 기술을 비즈니스의 생태계에 맞춰 설명할 수 있는 사람을 의미한다.

최근 〈하버드 비즈니스 리뷰〉에 실린 맥킨지앤드컴퍼니 컨설턴트들의 글[33]에서는 퍼플 피플 대신 '데이터 통역가'라는 표현이 사용되었다. 그들은 직접 겪은 컨설팅의 경험을 바탕으로 퍼플 피플의 역할에 대해 보다 구체적으로 서술했다. 특히 맥킨지 글로벌 연구소의 자체 연구를 인용하며 "2026년까지 이런 인력의 수급이 약 200만~400만 명 정도 필요하게 될 것"이라 주장했다.

퍼플 피플의 주요 업무는 자신의 업무 지식Domain Knowledge을 바탕으로 빅데이터나 인공지능을 활용해 기업에 가장 큰 가치를 안겨줄 수 있는 프로젝트를 선별하고, 이를 경영진에게 제안하는 것이다. 그 뒤 비즈니스 니즈와 목표를 데이터 과학자와 엔지니어들이 정확하게 이해할 수 있도록 소통하며 프로젝트의 중재자 역할을 한다. 또한 프로젝트를 진행하는 동안 비즈니스 목표와 데이터 사용 기술 간의 간극을 조절한다. 최종적으로는 프로젝트 완결까지 함께해 비즈니스 분야에서 성공적으로 활용되도록 한다. 전문성을 기반으로 비즈니스 가치 창출을 이끌어내므로, 이들은 빅데이터팀보다는 전략팀에 속하게 된다.

그렇다면 퍼플 피플은 어떤 능력을 갖춰야 할까? 공통적으로 제시되는 기본 능력은 업무 지식, 데이터사이언스 기술, 커뮤니케이션 스킬이다. 뿐만 아니라 자신이 속한 산업과 기업의 업무에 대해 정확히 이해하고 있어야 한다. 그리고 운영 측면에서 어떤 것이 기업 비즈니스의 전체적 이익 구조, 고객 만족과 유지, 리스크 구조와 연계되는지를 총괄적으로 이해할 수 있어야 한다.

나아가 인공지능과 데이터 구조에 대한 기술적 이해도가 높아야 한다. 물론 전문가 수준의 코딩과 분석 툴 사용 능력은 필요 없지만 머신러닝의 작동 원리와 각 분석 방법론의 장단점 그리고 리스크에 대한 이해력이 있어야 한다. 이에 덧붙여 프로젝트 관리 능력, 기업가정신에 대한 높은 통찰, 양쪽에서 커뮤니케이션을 원활하게 이끌 수 있는 능력이 필요하다.

퍼플 피플은 어디에서 오는가

현재 기업이 갖고 있는 가장 큰 문제점은 필요 인력에 대한 정확한 인식이다. 대부분의 기업에서 인공지능이나 빅데이터 관련 인력 충원에 힘쓰고 있으나 그들이 원하는 인력은 빅데이터나 인공지능팀의 분석가다. 퍼플 피플 직군에 대한 분류조차 없는 경우가 허다하다. 한 가지 고무적인 사실은 많은 기업에서 현업 인재들을 빅데이터·인공지능 전문가로 훈련시키고 있다는 점이다. 다만 커리어 변환(데이터 전문가로의 양성)과 퍼플 피플의 육성은 다르다는 걸 인식한 후 진행한다면 더 좋은 결과를 얻을 수 있을 것이다.

IBK기업은행은 매년 35명 이상의 현업 직원을 대상으로 빅데이터·인공지능 석사과정을 진행하고 있다. 이외에 신한카드를 비롯해 일부 기업들도 현업에서 핵심 인력을 선발해 빅데이터·인공지능 교육과정을 수료하게 하고 있다. 이들의 시도는 단순히 현업에서 필요한 단기 인공지능 교육에 그치지 않는다. 학위과정을 통해 분석, 데이터 관리 등의 실무 경험을 익힌 후 현업으로 돌아가 퍼플 피플의 역할을 맡도록 하는 것이 목표다. 최종적으로 이들이 조직의 퍼플 피플로서 원활한 소통체제(프로젝트 선정, 진행 그리고 실행)를 만들어낼 것으로 기대하고 있다.

영리하고 효율적으로
일을 배분하는 법

    앞서 설명했듯 기업에서 인간과 인공지능이 협업할 때는 전체 업무 프로세스 중 인간과 인공지능이 담당해야 할 영역을 명확히 구분해야 한다. 영역 구분이 명확하지 않으면 중요 업무가 누락되어 엄청난 혼선이 생길 수 있고, 추후 책임 소재도 불명확해진다.

    업무 프로세스를 배분하는 방식에는 크게 세 가지가 있다. 일의 순서에 따라 나누는 방식, 일의 성격에 따라 나누는 방식, 체크 포인트를 만들어 번갈아가며 일을 나눠 맡는 방식이다. 각각에 대해 살펴보자.

처음은 인공지능이, 마지막은 인간이

일의 순조로운 진행을 위해 업무 프로세스 중 첫 단계를 인공지능이 처리하게 하는 방식이다. 예를 들어 법률 자문을 하기 전에 인공지능을 통해 기존의 판례를 분석해 자료를 정리하는 것이다. 회계 감사를 진행할 때 전체 프로세스에서 오류나 문제가 될 만한 부분을 인공지능이 미리 알려주면 회계사나 다른 전문가가 그 부분을 집중적으로 조사할 수 있다. 판례 수집, 정보 수집, 회계 오류 찾기, 소장·이력서·편지 초안 등을 작성하는 업무가 이에 속한다. 이 모델은 앞으로 인간과 인공지능이 협업하는 데 있어서 가장 요긴하게 사용될 것으로 보인다.

법률 분야에서의 프로세스 배분

두낫페이DoNotPay라는 기업을 살펴보자. '돈 내지 마'라는 회사명이 의미하듯이, 법률 문제가 생겼을 때 상대방에게 항의하거나 환불을 요구하는 문서를 작성해주는 서비스를 제공한다. 주문한 물건이 마음에 들지 않거나 호텔 예약금을 환불받아야 할 때 어떤 식으로 접근해야 할지 등도 도움을 받을 수 있다.

이 서비스를 사용하는 사람들은 일단 자신의 현황을 표현해주는 단어를 입력해 인공지능으로 하여금 문서의 초안을 작성하게 한 후 더 넣고 싶은 내용을 추가해 최종 문서를 완성한다. 이 시스템은 현재 보험금 환불 요구, 벌금 감면 요구, 갑자기 문을 닫은 스포츠 센터의 남은 회비 반납 요구 등 일상 곳곳에 쓰이고 있다. 실리콘밸리에서 개발된 이 소프트웨어는 약 15만 명의 유료 회원(2021년 기준)이 사용 중이다.

사실 지금의 인공지능에게 이런 공문 작성은 단순한 업무다. 이제는 여기에서 진일보해 보다 심도 깊은 법률 분야 적용이 화두가 되고 있다. 단적인 예로 이미 수년 전부터 로테크lawtech 또는 리걸테크legaltech라는 이름으로, 빠르고 효율적인 업무 처리가 이루어지고 있다. 특히 재판을 위해 기존 판례를 찾고 분석하는 시스템은 거의 모든 로펌에서 사용 중이다. 해외의 로스Ross, 국내의 아이리스Iris, 피스컬노트FiscalNote, 렉스마키나Lex Machina 등 여러 시스템이 경쟁하고 있다. 이들 시스템은 기존 인력이 오랜 시간을 들여 찾는 정보들을 아주 손쉽게 찾아준다. 또한 현 사건과 가장 유사한 판례, 특수한 조항이 적용되는 사례, 정부의 지침 등 세밀화된 정보들을 플랫폼으로 구축해 수익을 올리고 있다.

회계법인에서의 프로세스 배분

기업의 내부 통제 시스템은 인공지능이 앞단의 일을 쉽게 만들어주는 가장 중요한 어플리케이션 중 하나라고 할 수 있다. 글로벌 회계법인들은 이미 자체 시스템을 개발해 업무에 적용하고 있다.[34]

대표적인 예로 회계법인 딜로이트의 아르거스Argus는 계약서들을 검토해 빠진 조항이나 이상한 점이 있는지를 찾아낸다. 이후 회계사들은 이 정보를 바탕으로 중점적으로 체크할 부분을 살펴보고 가장 리스크가 클 것으로 예상되는 부분을 찾아내 시간을 쏟는다.

회계법인 프라이스워터하우스쿠퍼스PwC의 할로Halo 시스템은 회계 장부를 살펴보며 각 계좌 간의 관계를 점검하고, 문제가 있는 계좌에서 한도 밖 또는 한도에 거의 찬 비용처리를 살펴본다. 이를 통해, 승인된 거래가 올바르게 진행되고 있는지를 점검해줌으로써 회계사로 하여금 가장 효율적으로 감사를 진행할 수 있게 도와준다.

한발 더 나아가 최근의 음성 분석과 얼굴 인식 인공지능 시스템은 경영진의 인터뷰가 감사 기준에 적합하게 진행되고 있는지, 필요한 정보가 신뢰할 수 있을 만큼 제공되었는지를 분석한다. 또한 말의 톤이나 억양, 음성의 떨림, 표정 등을 분석해 혹시 감추려는 정보가 있는지를 찾아내준다.

인공지능은 결국 반복하는 로봇이다

기업에서는 일의 복잡도에 따라 인간과 인공지능의 일이 나뉘는 경우가 그리 많지 않다. 다만 일상적인 업무에 대해서는 최근 유행하고 있는 로보틱 처리 자동화, RPA 등을 통해 단순하고 반복적인 일을 인공지능에게 맡길 수 있다. 새로운 비즈니스 모델로 자리 잡고 있는 이 모델은 사실 적용 범위에 따라 많은 법률적 논란을 야기하고 있다.

최근 우리 사회는 플랫폼 서비스가 대세로 자리 잡고 있다. 초기의 플랫폼은 단순히 중개 역할을 했으나 점차 자체적으로 특화된 서비스를 제공하며 확장 중이다. 예를 들어 초기의 부동산 플랫폼 서비스는 팔 사람과 살 사람의 정보를 제공해주는 곳이었지만, 부동산 매매에 대한 간단한 서비스를 대행해주는 곳으로 진화했다. 교육 분야에서도 인공지능을 이용해 기초 과목에 대한 맞춤형 교육을 제공하는 플랫폼이 등장했다. 이 경우 대부분 서비스는 인공지능이 진행한다.

택스테크 스타트업 자비스앤빌런즈의 김범섭 대표는 박사 과정을 밟는 중 영수증 처리에 너무 많은 에너지를 쏟는다고 느꼈다고 한다. 그는 이미 리멤버 서비스(회사는 드라마앤컴퍼니)를 개발해 명함 사진을 데이터베이스화하는 모델로 성공한 경험이 있었는데, 이 모델을 영수증 처리에도 활용하면 좋겠다는 생각에 자비스앤빌런즈를 창업하게 되었다고 한다. 현재는 영수증을 사진으로 찍어 올리면 인공지능을 통해 회계 계정 과목을 자동으로 처리해주고, 이 데이터를 기반으로 세금, 현금 흐름, 미수금 회수 여부 등의 처리를 도와주는 서비스를 성공적으로 제공하고 있다.

이를 바탕으로 그는 2020년 5월, '삼쩜삼'이라는 연말 세무 회계 시스템을 출시했다. 삼쩜삼은 프리랜서의 소득원천징수율 3.3퍼센트에 착안해 명명된 세금 신고 및 환급 도움 서비스 플랫폼이다. 프리랜서, N잡러, 소규모 자영업자가 직접 종합소득세를 신고하고 세금을 환급받을 수 있도록 도와준다.

이는 기존 플랫폼처럼 단순하게 중개하는 것이 아닌 세무 서비스를 직접 받을 수 있게 해준다는 점에서 인공지능이 인간의 역할을 하는 모델로 볼 수 있다. 즉 복잡한 세무 회계는 인간이 처리하되, 개인이나 소규모 자영업자 등의 단순한 세무 업무는 인공지능이 직접 처리하는 방식이다. 현재 자비스앤빌런즈에서 밝힌 이용자 평균 수수료는 2만 원으로, 기존 수십만 원의 기장료를 고려하면 상당히 낮은 수준이라 할 수 있다.

'체크 포인트'로 번갈아가며 일한다

복잡성을 기준으로 일을 배분할 때는 모니터링 시스템이 필요하다. 업무 자체가 갑자기 복잡해질 수도 있고, 인공지능이 학습한 환경과 전혀 다른 환경이 갑자기 만들어질 수도 있기 때문이다.

예를 들어 콜센터에서 대응 업무를 하던 인공지능이 고객이 급하거나 약간 흥분된 상태로 바뀌면 인간으로 대체되는 모델을 생각할 수 있다. 이런 경우 '고객의 흥분 상태'를 감지하는 것을 인간이 할 수도 있지만 인공지능이 맡을 수도 있다. 이처럼 인간과 인공지능이 프로세스 상의 일을 번갈아가며 처리할 때는 모니터링 시스템에 따라 명확한 룰에 의해 일의 주체가 정해져야 한다.

문제는 엄청난 속도가 요구되는 프로세스일 경우다. 예를 들어 자율주행차에서 현재 우리는 제한된 범위에서만 인공지능에게 운전을 시킨다. 위험 상황에서 운전자가 개입하는 자율주행 3단계를 통과했으며, 운전대 없이 시스템이 운전하는 4단계를 실험 중이다. 이런 경우 갑자기 인공지능이 운전 중 대응을 못하게 되면 인간이 개입해야 하는데, 몇 백 분의 1초만에 대응해야만 한다면 이미 사고가 난 이후가 될 수도 있다.

이와 비슷한 문제는 주식 트레이딩에서도 나타나고 있다. 최근 〈파이낸셜타임스〉와의 인터뷰에서 세계적인 투자은행 크레디트 스위스Credit Suisse의 세라 가드Sarah Gadd 본부장은 이렇게 말했다.

"이런 시스템(인공지능 실시간 트레이딩 시스템)은 아주 가까이에서 관찰해야 하며, 모니터링이 안 되면 사용하지 않는 편이 낫다. 혹시 문제가 생기면 1,000분의 1초 안에 스위치가 꺼져야 하며 바로 인간이 개입할 수 있어야 한다. 인간의 지능을 인공지능이 대체한다는 것은 있을 수 없는 일이다."[35]

맞는 말이다. 가장 빠른 대응 방식은 문제가 생기는 순간 스위치를 끄거나 제동장치를 작동시키는 것이다. 하지만 트레이딩이나 운전 등의 행위에서 이런 개입이 1,000분의 1초를 요구할 때는 인간이 개입하기 힘들다. 결국 다른 종류의 인공지능이 대응해야 하는데 이런 시스템을 만드는 것은 쉽지 않다. 이론상 '문제가 생기고 있다'는 것을 인지할 수 있는 인공지능이 있다는 것은 애초에 인공지능 시스템에 '문제'에 관한 학습을 시킬 수 있다는 것이다. 만약 이것이 학습된다면 처음부터 그런 문제가 생기지 않게 하면 되는 것이다.

결국 최대한 정밀하게 디자인할 필요가 있지만, 문제의 범위를 넓혀서 '그럴 것 같을 때' 대응하는 방법밖에는 없다. '그럴 것 같을 때'란 위양성이 올라갈 수 있는 문제다. 예를 들어 자동차 운행 시 인공지능이 위험한 상황이라 판단하고, 인간이 개입해 급브레이크를 밟는 횟수를 조절하는 데 있어서 얼마만큼의 한계치를 정하는가의 문제다. 이 문제와 관련해서는 6장에서 보다 자세히 다룰 것이다.

개인의 선택을
도와주는 인공지능

　기업이 아닌 개인(전문직 종사자나 경영인)이 인공지능을 활용해 의사결정을 하는 일도 분명 있을 것이다. 개인이 인공지능과 협업하는 데는 두 가지 방식이 있다. 첫 번째 방식은 처음부터 인공지능과 각각 문제를 푼 후, 인공지능의 결정과 자신의 결정을 비교하면서 최종 판단을 하는 것이다. 두 번째 방식은 인공지능에게 먼저 문제를 풀게 하고 스스로 여러 가지 대안을 제시하도록 한 다음, 그중 하나를 개인이 고르는 것이다. 다만 이 두 방식을 합리적으로 활용하려면 의사 결정 상황에 대한 정확한 이해가 필요하다.

인공지능을 믿을 것인가, 믿지 않을 것인가

개인이 인공지능을 활용한 의사결정 능력을 높이려면 먼저 다음 세 가지 조건을 갖추어야 한다.

* 내 의견을 굽히지 않아야 할 때와 반대로 인공지능을 따라야 할 때를 구별할 줄 알아야 한다.
* 인공지능이 판단 내용을 보여주었을 때 내가 좀 더 나은 의사결정을 할 수 있어야 한다.
* 인공지능의 의사결정이 누구에게, 어떤 종류의 문제에 더 도움이 되는지를 이해하고 있어야 한다.

그렇다면 개인이 인공지능과 함께 의사결정을 할 때 맞닥뜨릴 수 있는 경우의 수를 생각해보자. 전문가가 인공지능을 이용해 의사결정을 할 때는 다음의 네 가지 경우가 생긴다.

* 내 판단과 인공지능의 판단이 둘 다 맞는 경우
* 내 판단과 인공지능의 판단이 둘 다 틀린 경우
* 내 판단이 맞고 인공지능의 판단이 틀린 경우
* 내 판단이 틀리고 인공지능의 판단이 맞는 경우

일반적으로 의사결정자들은 인공지능의 판단이 자신의 판단과 같을 때, 결정에 대한 확신이 강해진다. 그러나 서로 의견이 다르면 자신의 판단을 택할 수도 있고, 인공지능의 판단을 택할 수도 있다. 자신이 맞았는데도 인공지능을 따라간다면 실패할 것이고, 인공지능을 통해 자신의 판단이 잘못되었음을 깨닫고 인공지능의 판단을 따라간다면 성공할 것이다.

그렇다면 우리는 자신이 맞고 인공지능이 틀렸음에도 불구하고 언제 인공지능의 판단에 따를까? 또 인공지능의 판단을 통해 자신의 판단이 잘못되었음을 느끼면, 바로 인공지능의 판단을 따를까?

독일 학자들은 이것을 알아보기 위해 만성폐쇄성폐질환Chronic Obstructive Pulmonary Disease을 진단하는 인공지능 시스템을 개발해 의사들을 상대로 실험을 진행했다. 만성폐쇄성폐질환은 만성기관지염이나 폐기종에 의해 폐에 심각한 훼손이 오는 병이다.

이 시스템은 환자의 폐를 CT 촬영한 후 폐에 관한 각종 수치들을 보여주면서 최종적으로 만성폐쇄성폐질환을 판정했고, 약 90퍼센트의 정확도를 보이고 있었다. 하지만 연구진은 이 실험에서 일부러 성능을 떨어뜨려, 한 번은 맞게 한 번은 틀리게 예측하는 시스템(무작위 순서로)을 의사들에게 보여주었다. 단, 이 시스템의 결과 예측은 틀릴 수 있으나 폐에 관한 각종 수치(폐활량, 평균 폐 밀도 등)들은 정확하다는 전제가 붙었다.

인공지능과 내 판단이 다르다면

의사들은 시스템의 예측 결과와 자신의 판단을 합쳐 최종 결정을 내려야 했다. 실험 결과 의사들은 최종 결정이 맞든 틀리든 자신의 판단과 인공지능의 판단이 같을 때 만족감이 높았다. 문제는 자신의 판단과 인공지능의 판단이 달랐을 때였다. 이런 경우 의사들의 반응은 크게 세 가지 유형으로 나타났다.

유형 1 단순하게 인공지능과 자기 판단의 신뢰도 비교

유형 1의 의사들은 단순하게 인공지능과 자신의 의사결정 신뢰도를 비교한 후, 인공지능의 결정을 무시하거나 따랐다. 연구에 따르면 전문의보다는 수련의일수록 자신의 판단에 자신감이 부족해, 스스로 맞게 판단했음에도 인공지능의 틀린 판단을 따라가는 경우가 많았다.

반대로 임상 경험이 풍부한 의사일수록 인공지능의 판단을 무시하는 경향을 보였다. 이것은 의사의 판단이 맞았을 때는 괜찮지만 인공지능이 인간보다 우수한 판단력을 보일 때는 문제가 되는 행동이다. 하지만 다른 연구에서 지적하듯이 인공지능의 성능이 높지 않을 때는(이 실험의 경우는 일부러 시스템의 정확도를 50퍼센트로 낮추어, 우수한 의사라면 인공지능의 신뢰도가 높지 않다는 것을 금방 눈치챌 수 있다) 이러한 행동이 정당화된다.

유형 2 다시 한번 판단 과정 유추

다시 한번 의사결정 프로세스를 돌아본다는 점에서 유형 1보다는 좀 더 신중한 의사결정 행위로 볼 수 있다. 하지만 여기서는 한 방향으로만 검토한다는 한계가 있다. 구체적으로 유형 2-1은 자신의 의사결정 프로세스를 돌아보긴 하지만, 보통 자신이 처음부터 갖고 있던 의사결정 프레임에 갇혀 같은 판단을 내렸다. 그리고 자신의 판단만 정당화시키는 경우가 많았다.

유형 2-2는 인공지능이 왜 그런 판단을 내렸는지 다시 한번 돌아보는 유형이다. 여기서도 의사결정 프레임에서 오는 한계가 드러난다. 그 결과 처음부터 인공지능에 대한 신뢰 혹은 불신에 바탕을 두고, 인공지능이 왜 그런 판단을 내릴 수밖에 없었는지 데이터를 찾는 유형과 인공지능이 틀릴 수밖에 없는 데이터만 찾는 유형으로 나뉘었다. 이 유형 역시 결국은 정해진 답을 찾아가는 것으로, 자신의 프레임에 따라 인공지능에 대한 신뢰 부족이나 자기 판단에 대한 자신감 결여를 보여줬다.

유형 3 의사결정을 종합적으로 처음부터 다시 비교

마지막으로 유형 3은 자신의 의사결정 프레임을 뒤로 한 채 처음부터 전 과정을 다시 돌아봤다. 여기에서 의사는 자신의 의사결정 프로세스뿐 아니라 인공지능이 왜 그런 판단을 했는지에 대해서도 종합적으로 검토해본다. 해당 데이터가 어떤 연유로 의사결정에 결

정적 근거가 되는지 이유를 따져보는 것이다. 이런 경우는 틀린 답에서 맞는 답으로 전환하거나, 인공지능과 답이 달라도 자신의 답을 유지해 정확도를 보다 높일 수 있었다. 즉 인공지능의 예측도를 실제 의사결정에 있어 매우 효과적으로 활용한 유형이라 할 수 있다.

어떤 데이터가 어떻게 모여서 이런 결정을 하게 되었을까

위의 결과를 통해 한 개인이 어떻게 인공지능을 활용해 의사결정 정확도를 올릴 수 있는가에 대한 대략적인 방향은 알 수 있다. 이제 개인의 의사결정이 우선시되는 두 영역, 즉 전문직종과 경영의 영역에서 구체적인 사례를 살펴보자.

전문직 종사자가 인공지능을 활용해 의사결정 정확도를 올리는 법

먼저 전문직 종사자의 경우다. 최근 한 논문에서 의사들이 인공지능 시스템을 어떻게 이용하며, 언제 자신의 의견을 수정하는가에 대한 연구 결과를 발표했다.[36] 이 연구는 각기 다른 세 부서(폐암 진단, 유방암 진단, 뼈나이 추정)에서 근무하는 방사선과 의사 40명을 대상으로 했다. 이 연구에서 의사들은 인공지능에 대한 신뢰도, 인공지능의 예측 결과와 자신의 예측 결과를 비교하는 습관 등에 따라 인공지능을 전혀 다른 형태로 이용하는 모습을 보였다.

결론적으로 유방암 진단과 뼈나이 추정을 맡고 있는 의사들은 인공지능을 거의 쓸모없는 도구로 여기며 그 결과를 무시했다. 하지만 폐암 진단을 맡은 의사들은 인공지능을 필요불가결한 도구로 여겼고, 인공지능의 판단을 자신의 의사결정에 적극적으로 수용했다. 세 분야 모두 인공지능이 의사들보다 높은 정확도를 보였음에도 각기 다른 결과가 나타났다는 점에서 흥미로운 실험이다.

이는 앞의 만성폐쇄성폐질환 진단의 연구 결과와 다르지 않다. 기본적으로 자신의 분야에 전문성이 뛰어난 의사일수록 더욱 인공지능을 잘 이용하고 있었으나, 지나친 자신감을 갖고 있는 의사들은 인공지능을 무시하거나 인공지능의 판단이 자신의 판단과 다를 때 자신의 판단이 맞다는 근거를 찾는 데 많은 시간을 허비하고 있었다. 반대로 인공지능을 지나치게 신뢰하는 의사들은 자신의 판단이 맞더라도 인공지능의 판단을 따라가는 경향을 보였다.

그렇다면 '지나친 자신감'이나 '지나친 신뢰감'을 어떻게 판단할까? 이 연구는 인공지능을 활용하는 데 있어 활용자 자신의 전문성이 중요하다는 사실을 드러냈다. 또한 이와 함께 조직 차원의 시스템도 필요하다는 것을 보여주었다. 조직에서는 인공지능과 인간의 판단이 다를 때의 가이드라인(예를 들어 두 의견을 통합할 수 있는 리포트 작성 요구)이나 구체화된 대처방식 등을 교육한다면 인공지능을 통한 의사 결정에 있어 보다 좋은 결과를 가져올 수 있을 것이다.

경영자가 인공지능을 활용해 의사결정 정확도를 올리는 법

경영자의 의사결정에 있어서도 비슷한 결과가 드러난다. 베를린 대학 교수들은 기업 최고경영진의 인공지능 사용 경험에 관한 연구를 진행했다.[37] 기업의 경영진이 인공지능의 판단에 어떻게 반응하는지를 파악하는 연구였다. 연구에 따르면 경영자들 역시 자신의 의사결정 스타일에 따라 인공지능의 판단에 대해 전혀 다른 결정을 내렸다. 어떤 경영자는 인공지능을 의사결정에서 완전히 배제했고, 어떤 이는 전적으로 인공지능의 판단을 따랐다. 물론 두 가지 판단을 종합해 결정하는 이들도 있었다.

연구진들은 논문을 통해 앞으로 기업에서 많은 의사 결정(투자 전략이든 채용이든)이 인공지능과 함께 진행될 것이라고 예측했다. 그리고 한쪽으로 쏠리는 편견에 대해 강력히 경고했다. 이에 덧붙여 인공지능의 의사결정을 단순하게 무시하거나 인간보다 더 나은 무엇으로 보기보다는, 팀원 한 명이 제시하는 의견으로 보면서 전체적인 의사결정 프로세스 안에 포함시킬 것을 제안했다.

마지막으로 이 논문은 인공지능의 의사결정 과정, 즉 '어떤 데이터가 어떻게 모여서 이런 결정이 나오게 된 것인가'를 잘 이해하는 것이 무엇보다 중요하다는 것을 다시 한번 강조했다.

인공지능도
배워야 한다

앞서 살펴봤듯 인공지능을 믿지 않는 의사들은 거의 모든 경우 자신의 판단을 따랐기에 인공지능을 도입한 효과가 없었다. 반면에 인공지능을 너무 믿는 의사들은 자신과 인공지능의 의견이 다를 때 다시 한번 데이터를 살펴보긴 했지만 주로 자신의 판단에서 잘못된 점을 찾는 데 주력했다.

전문가가 인공지능을 이용해 의사결정을 할 때는 무엇보다 인공지능에 대한 이해, 전체적인 정확도를 어떻게 판단할 것인지가 중요하다. 전문가들이 인공지능을 대하는 태도는 대부분 본인의 주관적 경험과 판단에 기인한다. 때문에 인공지능을 이용하는 조직에서는 편견 없이 인공지능을 활용할 수 있도록 인공지능의 기본적인 성능에 대한 교육이 필요하다.

특히 조직 차원의 연구를 통해 인공지능의 판단 결과가 어떻게 도출되고 지금까지의 임상 결과 정확도가 어느 정도인지를 개인 전문가들에게 전달해주어야 한다. 이로써 전문가들이 '내가 인공지능보다 낫다 혹은 모자라다' 등의 주관적 편견에서 벗어나 인공지능의 의사결정 매커니즘을 이해하게 해주어야 한다.

제안하는 인공지능, 선택하는 인간

한편 조직에서는 더 나은 의사결정을 통해 얻을 수 있는 이익과 잘못된 의사결정으로 생길 수 있는 리스크의 편익을 분석해 어느 선에서 추가적 자원을 요구할 것인가를 결정해야 한다. 앞서 소개한 연구들은 결국 개인 차원에서 인공지능의 의견을 취사 선택할 것이 아니라 조직적 차원에서 규범적 절차를 밟아야 한다는 점을 암시하고 있다.

인공지능과 전문가의 의견이 다를 때, 어떻게 두 개의 다른 의견을 합해 최종 결정을 했는가를 의무적으로 리포트하게 하는 것도 방법이 될 것이다. 하지만 모든 경우에 리포트를 요구할 필요는 없다. 그보다는 특정한 상황에서의 규범적 요구가 더 합리적이다. 인공지능이 내린 판단에 대한 점수(예를 들어 82퍼센트의 정확도를 보이는 유방암 예측)는 대부분 확인할 수 있다. 때문에 의견이 불일치할 경우 일정 점수 이상에서만 리포트 작성을 요구하는 것도 좋은 방법이 될 것이다. 물론 이런 방식은 짧은 시간 안에 많은 의사결정을 해야 하는 직무(예를 들어 MRI 차트를 읽는 데 평균 3분이 소요되는 유방암 진단)에서는 추가적 시간과 비용이 들어 적절치 않다.

앞선 연구들은 어떤 부분에서 인공지능의 과장된 예측이 나올 수 있는지를 이해하는 것이 무엇보다도 중요하다는 것을 보여주었다. 하지만 이것을 개인에게 맡기면 문제가 생긴다. 개인 전문가 입장에서는 자신의 판단에 대한 피드백을 제대로 받을 수 없어 언제 인공지능을 믿어야 할지 판단하기가 어렵다. 하지만 인공지능 연구진을 통해 자신이 활용하고 있는 인공지능을 어떤 면에서 믿어야 하고 어떤 면에서는 믿지 말아야 할지 가이드라인이 조직적으로 정해진다면, 향후 전문가들이 인공지능을 통해 의사결정을 하는 데 많은 도움이 될 것이다.

그렇다면 인공지능의 예측 결과를 어떻게 보여주어야 전문가에게 도움이 될까? 이에 대한 연구가 최근에 시작되었다. 데이터 기반의 인공지능 기법들은 최적의 함수를 구현하지만, 결론이 도출되는 경로를 인간이 확인하는 것은 불가능해 블랙박스 모델이라 불린다. 이런 문제를 해결하기 위해 '설명 가능한 인공지능'에 대한 연구가 시작되었다. 설명 가능한 인공지능이란 인공지능이 왜 이러한 결과를 도출했는지를 설명할 수 있는 시스템이다. 인공지능 시스템의 공정성 문제(왜 나는 채용되지 못했는가 하는 문제) 또는 책임 문제를 위해 투명한 설명이 가능한 인공지능이 개발되고 사용되어야 한다. 이는 인공지능이 사용되는 거의 모든 곳의 가이드라인에 들어가는 사항이다.

의사결정의 효과를 높이려면 이러한 인공지능의 설명성이 필요하다. 인공지능이 전문가와 다른 판단을 내놓았다면, 전문가는 인공지능이 왜 그러한 판단을 내놓았는지 이해함으로써 그 결과의 신뢰 여부를 결정할 수 있다.

블랙박스 모델의 결과를 정확히 파악하려면 사후비교분석Post-hoc Analysis을 할 수밖에 없다. 요즘 가장 많이 사용되는 범용 사후비교분석 기법은 LIMElocal Interpretable Model-agnostic Explanation과 SHAP SHapley Additive explanation이다. 두 모델 모두 특성 변수들이 얼마나 결론에 기여했는지를 표시하고 있다. 이 방식을 사용하면 그림을 판단할 때는 전체 그림 중 어느 부분이 중요한 요소로 작용했는가를 하이라이트해 보여줄 수 있고, 글을 분석하는 경우에는 어떤 문장이나 단어가 그러한 판단을 하는 데 어느 정도 공헌했는지를 보여줄 수 있다.

〈설명 가능 인공지능이 인간의 의사결정 능력을 올려주는가〉[38]라는 논문에서는 몇 가지 실제 문제에 대해 흥미로운 실험을 했다. 연구자들은 미국의 가석방 데이터(가석방된 사람이 재범을 시도할 것인가를 맞히는 문제)를 두고 실험했다. 처음에는 인간이 인공지능 없이, 다음은 인공지능과 함께, 마지막은 인공지능의 설명까지 주어진 상태에서 각각 의사 결정을 하도록 했다. 이 세 가지 방식 중 의사결정의 정확성은 언제 가장 높았을까?

연구진들은 마지막 경우에 정확도가 가장 높을 것으로 기대했으나, 실험 결과는 예측을 벗어났다. 인공지능을 통한 인간의 의사결정 정확도는 올라갔지만, 사후비교분석 설명을 보여주었다고 해서 정확도가 더 올라가지는 않았다. 사실 인공지능의 설명성에 대한 당위론을 주장하는 경우는 많지만 실제로 설명성이 인간의 의사결정을 도와줄 수 있다는 연구는 극히 적다.

그렇다면 설명의 형식을 달리 해보면 어떨까? 이를 다룬 대표적인 논문이 4장에서 언급한 〈피부암 판독에서 인간과 인공지능의 협업 방식〉이다. 해당 연구에서 의사들에게는 세 가지 다른 유형의

인공지능의 재범 가능성 파악 프로세스[39]

① 인공지능의
　예측과 설명 모두
　제공받지 못함

② 인공지능의
　예측만 제공

③ 인공지능의
　설명도 제공

나이	죄명	인종	리스크 점수	성별	전과
25-45	경범죄	흑인	낮음	남자	2

인공지능 판단 : 재범 위험 없음

인공지능 설명 :
- 나이 : 25-45
- 리스크 점수 : 낮음
- 전과 : 1.00~4.00

＊ 인공지능이 재범 가능성을 파악하는 과정. 인간은 '인공지능의 설명'을 보며 인공지능을 믿을 것인지 믿지 말 것인지를 정해 최종 결정을 내린다.

설명 형식이 제공되었다. 피부암 의사들에게 주어진 과제는 피부 종양 사진을 보고 일곱 개의 병명 중 하나를 맞히는 것이었다.

　이 논문은 인공지능의 설명 방식을 달리해 첫 번째 방식에서는 일곱 개의 병명이 각각 맞을 확률을 보여주었고, 두 번째 방식에서는 일곱 개 병명에 대한 음성과 양성 확률을, 마지막 세 번째 방식에서는 기존에 진단된 이미지 중 가장 비슷한 이미지를 보여주는 방법을 택했다. 이 실험의 결과 첫 번째의 설명 방식에서만 의사의 판독 결과가 올라갔고 나머지에서는 개선이 없었다. 왜일까? 답은 '아직 잘 모른다'이다.

　이렇듯 인간과 인공지능의 협업에서 인공지능의 어떠한 설명 방식이 언제, 누구에게, 어떻게 도움이 될 것인가는 한창 연구가 진행 중이다. 특히 논문 〈인공지능은 언제나 윤리적일까? 머신러닝 알고리즘 공정성〉[40]에서 소개된 개와 늑대를 구별하는 시스템은 인공지능의 공정성 및 설명성에 대해 아직 추가 연구가 필요하다는 걸 알려준다. 나아가 제대로 정보를 제공해주는 설명성은 인간의 의사결정 품질을 올리는 데 크게 기여할 가능성이 있음을 보여준다.

　해당 연구에서 인공지능은 시베리안허스키를 늑대라고 잘못 판단했다. 이때 설명 가능 형식을 집어넣어 그림의 어느 부분이 인공지능의 판단에 결정적 역할을 했는지 표시하게 하자, 인공지능은 뒷배경인 눈을 가리켰다. 앞서 설명한 지름길 문제에 따라 인공지능은 배경에 눈이 보이면 모두 늑대라 판단한 것임을 알 수 있다.

패션계의 넷플릭스, 스티치픽스

인간과 인공지능이 같은 문제를 푸는 도메인에서 요즘 각광받는 방식은 '생성적 디자인generative design'이다. 이 방식은 특히 산업 디자인 등의 분야에서 많이 사용되고 있다. 인간이 어떤 상황에 대한 제약 조건을 입력하고 인공지능이 이 제약 조건을 만족하는 디자인 결과를 보여주면, 그중 가장 좋은 것을 선택하는 방식이다.

기존에는 하나의 디자인을 만들기 위해 수많은 공학적, 건축학적 계산이 필요했기 때문에 인간이 고려할 수 있는 디자인의 수가 제한되어 있었다. 하지만 인공지능은 빠른 계산을 통해 무수한 디자인 아이디어를 도출할 수 있다. 이 경우 인간이 기존에 생각하지 못한 혁신적인 디자인이 나올 수도 있고, 인간의 미적 감각으로 보기에는 다소 생소한 디자인이 나올 수도 있다. 물론 인공지능은 인간이 좋아하는 '미적 취향'을 구별하기 어려우므로, 이는 인간이 최종 선택하는 방식으로 해결해야 한다.

국내 기업 DL이앤씨는 공동주택 디자인을 위해 아파트의 여러 입지 조건(동 사이의 거리, 일조권, 조망권)을 만족시킬 수 있는 공동주택 디자인을 인공지능에 맡기고, 최종 선택은 인간이 하는 모델을 선보이고 있다. 오토데스크라는 회사는 새로운 형태의 자전거를 디자인하기 위해 자전거의 공학 조건(균형 유지, 방향 조절, 앞바퀴와 핸들의 연결성)과 가속의 공기 역학 등을 제한 조건으로 두고 인공지능에게 디자인을 맡겼다. 이후 최종 결정은 인간이 내리도록 했는데 이러한 방식으로 결국 친환경 미래형 자전거를 디자인할 수 있었다. 프랑스의 제품 디자이너 필립 스탁Philippe Stark은 최근 '인간과 인공지능이 함께 만든 의자'라는 콘셉트로 새로운 의자 디자인 동영상을 선보이기도 했다.

이런 생성적 디자인은 자동차나 자전거, 의자 등 사물의 디자인뿐 아니라 신약 개발에도 사용되고 있다. 신약 개발은 보통 10년 이상 소요되고 1조 원 이상 투자되는 고비용 프로세스다. 신약은 대개 여러 단백질 구조물을 결합해 개발되는데 어떠한 성질의 단백질 구조물이 합성되었을 때 부작용이 없고, 기대 효능을 낼 수 있는가를 예측해야 한다. 그런데 단백질 구조와 조합이 너무 복잡해 과거에는 몇몇 알려진 정보에 의지한 후보 물질만을 만들 수밖에 없었다. 이후 데이터베이스가 많이 쌓이면서 후보 물질을 인공지능으로 예측할 수 있게 되었다. 또한 인공지능이 예측한 결과에 인간의 지식을 적용해 옛날에는 생각지도 못했던 후보 물질을 쉽게 걸러내고 고안해볼 수 있게 되었다.

온라인 스타일링 업체 스티치픽스Stitch Fix는 생성적 디자인을 비즈니스 전략으로 삼고 있는 패션기업으로, 인공지능을 활용해 개인화된 스타일링을 추천해준다. 스티치픽스의 CEO 카트리나 레이크Katrina Lake는 대학원생 시절 쇼핑에 들어가는 시간과 노력을 줄이기 위해 고심하다가, 소비자 대신 옷을 골라 배달해주는 사업을 시작했다. 그녀가 생각해낸 건 패션계의 넷플릭스 모델이었다.

스티치픽스의 고객은 회원 가입 후 키, 몸무게, 라이프 스타일에 대한 정보를 제공하고, 패션 게임을 통해(두 가지 패션 아이템 중 하나를 고르는 게임) 옷에 대한 자신의 취향을 회사에 공유한다. 이후 새 옷이 필요한 경우(결혼식 참석, 파티, 만남 등)를 알려주면 스티치픽스의 인공지능은 정보를 분석해 고객에게 맞는 옷을 추천해준다. 이때 스티치픽스의 스타일리스트들은 인공지능이 추천한 옷 중 고객에게 가장 잘 어울릴 것 같은 옷 다섯 벌을 선별해 배송한다. 고객은 받은 옷 중 한 벌에서 다섯 벌까지 구매할 수 있고, 전체를 반품할 수도 있다(단, 모두 반품할 경우 큐레이션 비용 약 2만 원을 지불). 통계에 의하면 옷을 받아본 고객 중 80퍼센트 이상이 최소 한 벌 이상의 옷을 구매한다고 한다.

이 모델을 자세히 보면 인공지능은 공학적 제약 조건을 계산하는 대신 고객의 취향을 계산해 선택 가능성이 가장 높은 옷을 추천한다. 스티치픽스는 자사 브랜드 외에 1,000개가 넘는 타사의 의류를 취급하고 있다. 이때 인간 스타일리스트는 그 많은 옷들의 정보를 다 알고 있지 못하기 때문에 자신이 아는 범위 내에서만 옷을 추천하게 된다.

하지만 스티치픽스는 생성 디자인 모델을 통해 인간은 상상할 수도 없는 다양한 옷 중에서 가장 적합한 옷을 추천해줄 수 있다. 물

AI로 경영하라

론 인공지능은 인간 수준의 심미안을 갖지 못했기에, 인간 스타일리스트가 자신의 경험과 지식을 바탕으로 최종 선택하는 방식을 택하고 있다.

　인류가 지능을 인공으로 만들려는 시도를 한 지 66여 년이 흘렀다. 지금까지 인공지능은 많은 발전을 해왔다. 특히 최근의 딥러닝은 디지털화 가속으로 인한 데이터의 비약적 증가, 컴퓨팅 파워의 지속적 성장, 알고리즘의 발전에 힘입어 데이터 기반 인공지능의 새로운 지평을 열고 있다. 더 성능 좋은 인공지능을 만들기 위한 컴퓨터 과학자들의 수요도 지속적으로 늘어날 것이다. 더불어 인공지능을 활용해 새로운 문제 풀이 방식과 보다 창의적인 솔루션을 제안할 수 있도록, 개인의 역량에 대한 요구도 폭발적으로 늘어날 것이다.

　마지막 6장에서는 인공지능의 보급과 활용에 따른 향후 일자리의 변화를 조망하고, 개인이 인공지능을 활용하기 위해서는 어떤 능력이 필요한지 알아볼 것이다. 특히 인공지능이 도출해낸 결과를 이해하는 능력과 가설 검증의 능력 그리고 질문할 수 있는 능력이 어떻게 연결되어 인공지능 시대에 걸맞는 역량으로 자리 잡는지 살펴보려 한다.

보험사에서 발견한
인공지능의 치명적 모순

국내에서도 활발히 활동하고 있는 다국적 기업 D보험사는 최근 머신러닝기술을 활용해 보험 설계사가 얼마나 많은 부실 계약(불완전계약 및 부당승환계약)을 발생시킬지 예측하는 모델을 만들었다. 고객과의 통화 수, 이전의 불완전 계약 건수, 보험 종류, 근무 연수 및 기존 성과, 근무 점수 등을 바탕으로 매월 고위험 설계사를 예측했다. 그리고 해당자에게는 전담 심사자를 붙여 계약 건과 관리 고객을 깊게 조사하는 프로세스를 만들었다.

전담 심사자들은 많은 부실 계약을 발견할 수 있었다. 하지만 고위험군으로 평가된 설계사들은 자신들이 정밀 조사 대상이 되어 계약 심사 프로세스가 길어졌으며, 결과적으로 계약 승인 통과율이 낮아져 커미션 지급에 불이익을 받게 되었다고 크게 반발했다. 결국 이들은 퇴사와 이직이라는 초강수로 대응하기 시작했다.

이 경우, 인공지능의 예측이 정말 맞았을 수도 있지만 사실은 그들이 대상이 되었기에, 정밀 심사를 했을 때 불완전 계약 발견 횟수가 많아지는 현상일 수도 있다. 즉, 정밀 심사 대상이 되면 누구라도 불완전 계약 발견 횟수가 늘어날 수 있음을 간과해선 안된다.

기업에서는 인공지능 적용을 위해 이러한 편견을 좀 더 자세히 분석할 필요가 있다. 설령 인공지능의 예측이 맞다 해도 '부실 계약 관리 vs. 숙련된 설계사의 이탈'이라는 측면에서 손익을 따져봐야 한다. 이를 통해 좀 더 고차원적인 인공지능의 활용 방식(예를 들어 기업에서 심사 대상을 무작위라 홍보한 후 실제로 저위험군을 섞어서 정밀 심사를 하는 방식)을 설계할 필요가 있다.

인공지능은 결국 미래의 일자리와 아주 깊게 연관된다.
인공지능에 대체되지 않기 위해 필요한 현명한 자세는 무엇일까?
인공지능의 시대에 대체될 수 없는 초전문가가 될 이들에게
필요한 역량이 무엇인지 알아보자.

6장

그래서 우리는 인공지능을 어떻게 사용할 것인가

미래의 일자리 혁명은
우리의 삶을 어떻게 바꿀까

인간의 가장 고난이도 게임인 바둑에서 인공지능이 인간을 이기면서 많은 사람들이 이제 정말로 인공지능이 인간의 일자리를 빼앗을 수도 있겠다고 생각하게 되었다. 기술 진보가 가속화될 때 사람들이 얼마나 두려움을 느끼는지는 19세기 초 영국에서 벌어진 러다이트 운동만 봐도 충분히 알 수 있다.

그렇다면 러다이트 운동까지 야기했던 산업혁명으로 정말 사람들이 일자리를 빼앗겼을까? 당시에는 기계가 인간의 일자리를 모두 빼앗고, 노동자들은 길거리로 나앉을 거라 생각했지만 산업혁명은 사라진 일자리보다 훨씬 많은 일자리를 새로 만들어냈다.

물론 일자리와 노동 인력의 재편은 있었다. 높은 임금을 받고 일했던 숙련공들은 경제적으로 힘들어졌다. 숙련공의 노동력보다 훨씬 싼 값으로 기계가 대량 생산을 했기 때문이다. 반면 상대적으로 기술 수준이 낮아 마땅한 일자리가 없던 노동 계층은 오히려 산업화의 수혜를 받았다. 기계 때문에 생산 과정이 분업화되면서 기술이 부족한 사람도 생산 공정에 쉽게 참여할 수 있었기 때문이다.

그렇다면 현재의 인공지능은 우리의 일자리에 어떤 영향을 미칠까? 솔직히 정확한 예측은 어렵다. 앞으로 산업이 어떤 식으로 발전할지, 사회 변화에 따라 어떤 직업들이 생겨날지 속속들이 가늠하기는 어렵다. 산업혁명 당시, 앞으로 대부분의 사람이 사무실에서 지식노동을 할 것이라고는 예상하지 못했듯 말이다. 따라서 지금 당장 어떤 직업이 사라지고 새로 생겨날 것인가를 예측하는 것은 큰 의미가 없다. 그보다는 기술의 수준이 직업의 구조를 어떻게 변화시킬 것인지를 살펴보는 게 더 합리적이다.

기계는 인간의 일자리를 빼앗지 않는다

경제학자이자 MIT 교수인 데이비드 오우터는 기술에 의한 자동화가 직업의 구조를 어떻게 변화시켜왔는지를 오랫동안 연구해왔다. 그는 산업혁명부터, 자동화 및 기술 변화가 불거지던 1960년대, 컴퓨터가 사무실에 본격적으로 보급된 1980년 이후, 인터넷의 발달로 광범위한 디지털화가 일어난 2000년 이후까지 기술 발전이 직업의 구조에 어떤 영향을 미쳤는지를 연구했다.

그가 내린 결론은 기계의 자동화와 그에 따른 직업의 가치 변화가 우리 생각과 많이 다를 수 있다는 것이다. 특히 싸고 믿을 만하고 빠른 기계가 전체 업무 프로세스에 투입되면 그것을 연결하는 인간의 역할은 점점 더 중요해진다고 강조했다. 1995~2005년에 ATM이 40만 대 이상 보급되었지만, 은행원의 수는 전체적으로 증가했다며 말이다.

지금까지의 통계에 의하면 디지털화에 따른 직업 구조 변화의 핵심은 양극화였다(1980~2000년). 기본적으로 정형화된 직업군이 중간에 위치한다. 그리고 사람이 일일이 손으로 해야 하는 서빙, 거리 청소 등의 일을 왼쪽에, 오우터 교수가 '추상적abstract'이라고 부르는 지식 축약적 문제해결과 관련된 직업을 오른쪽에 놓는다. 왼쪽에서 오른쪽 순으로 지식과 기술의 요구 정도가 높아진다. 그리고 오른쪽으로 갈수록 문제해결 능력이 더 필요하므로 높은 수준의 교육이 요구된다.

이 세 가지 직업군을 세로축의 전체 고용에서의 비율 변화 측면에서 보면, 다음의 그래프처럼 U자 형태의 분포를 보인다. 가운데 가로선을 기준으로 위로 갈수록 전체 고용 비율이 높아지고, 밑으로 갈수록 낮아지는 것이다. 그런데 U자 형태를 보였다는 것은 주

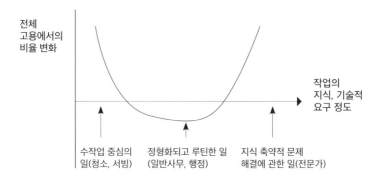

디지털화에 따른 직업의 양극화

전체
고용에서의
비율 변화

작업의
지식, 기술적
요구 정도

수작업 중심의
일(청소, 서빙)

정형화되고 루틴한 일
(일반사무, 행정)

지식 축약적 문제
해결에 관한 일(전문가)

* 1980년부터 2000년까지 양 극단의 비중은 늘어나고 중간에 위치한 일의 비중은 점점 줄었다.

로 중간의 단순하고 정형화된 일들(일반 사무, 행정 업무들)이 컴퓨터의 영향으로 줄어들고, 상대적으로 수작업이나 추상적인 업무들은 비중이 늘어났음을 의미한다. 이는 곧 양 극단의 일들은 중간 위치의 일들에 비해 컴퓨터 자동화가 힘들다는 것으로 이해할 수 있다.

물론 거시적 데이터가 부족해 아직은 가설 수준이다. 그럼에도 더욱 유력한 가설은 오른쪽의 그래프처럼 U자 형태의 모델이 점점 더 납작해지면서 직업의 양극화가 더 심화될 것이라는 주장이다. 인공지능의 비약적인 발전으로 지식 축약적 문제해결 관련 직업들마저 자동화되면서 양극화가 더 심화될 것이다. 예를 들어, 오른쪽의 그래프에서 A 수준의 지식과 기술적 요구를 갖춰야 하는 직업군은 2000년도 전에는 수평선 위(얇은 U자 그래프)에 존재했다. 하

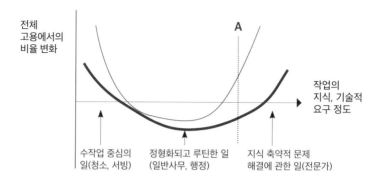

인공지능에 의해 심화된 직업의 양극화

전체
고용에서의
비율 변화

작업의
지식, 기술적
요구 정도

수작업 중심의
일(청소, 서빙)

정형화되고 루틴한 일
(일반사무, 행정)

지식 축약적 문제
해결에 관한 일(전문가)

* 두꺼운 U자 형태의 그래프는 2000년대 이전에는 인공지능에 대체될 수 없던 직업군들
  이 자동화되며 심화된 양극화를 보여준다.

지만 두꺼운 U자 그래프에서는 수평선 아래에 존재해 점차 줄어들
게 될 것이라는 가설이다.

인공지능은 상식이 없다

현재 통계 추이를 보면 이 가설은 상당히 신빙성이 있다. 실제로
인공지능의 역할은 점차 추상적 영역의 일을 침범하는 중이다. 10년
전만 해도 인공지능이 바둑에서 사람을 이기거나 회계 부정을 찾
아내는 것은 불가능하다고 생각했으나 이미 그런 일이 현실화되고
있다.

플랫폼들이 전문가 영역의 업무 중 비교적 단순한 일을 인공지능으로 처리하기 시작한 것은 이 가설을 뒷받침하는 근거가 된다. 최근 교육 수준이 올라가고 있음에도 추상적 업무 영역의 직업 증가가 둔화되고 있다는 통계 또한 이 가설을 증명해준다. 이 가설을 주장하는 대표적 학자로 10~20년 내에 47퍼센트의 직업이 없어질 것이라고 단언한 옥스퍼드대학의 교수 칼 베네딕트 프레이와 마이클 오스본이 있다.[41]

하지만 데이비드 오우터의 생각은 조금 다르다. 그는 현재의 데이터 기반 인공지능은 분명 발전하고 있지만, 환경이나 맥락을 고려하는 일은 여전히 인간이 해야 한다고 말하며(아마존 물류 창고의 자동화에서 인간과의 협업이 얼마나 중요했는지를 예로 들면서), 인공지능은 간단한 물체 인식도 쉽지 않다는 것을 지적한다.

그는 '의자'를 두고 인간이 인식하는 과정과 인공지능이 인식하는 과정의 차이를 지적했다. 인공지능에게 '의자'라는 것을 처음 인식시킬 때는 학습 데이터를 넣어주어야 한다. 이때 인공지능의 학습은 기본적으로 학습하는 데이터의 범용성에 성패가 달려 있다.

만약 '앉을 수 있고', '등받이가 있고', '다리가 네 개'인 물체들을 의자라고 학습시킨다면 어떤 일이 벌어질까? 인공지능은 등받이가 없는 의자를 의자라고 인식하기 힘들 것이다. 만약 '등받이가 없는 의자'를 학습 데이터에 추가시켜서 범용성을 높인다면 어떨까? 엉뚱하게도 나무 궤짝을 의자라고 인식할 가능성이 높아진다.

오우터 교수는 이것을 '목적성을 배제한 학습'이라고 명명했다. 인간이 목적성을 쉽게 인식하는 것과 달리 인공지능은 목적성에 대한 이해가 없기 때문에 생긴 결과라는 것이다.

오우터 교수의 주장은 케이론 모델의 원리와 궤를 같이한다. 아무리 인공지능이 발전하더라도 현 수준에서 추상적인 작업을 자동화시키는 데는 일정 부분 한계가 있다. 이런 이유로 인공지능을 인간의 대체물이라는 개념 대신 보완재 역할이라고 봐야 한다는 것이다.

U자 모델에서 W자 모델로

그렇다면 이러한 주장 아래 개인과 직업의 관계는 어떻게 될까? 편의상 이것을 '케이론 모델 가설'이라 부르겠다. 케이론 모델에 따르면 앞으로 직업 분포와 인공지능의 관계는 납작한 U자 모델보다는 아래 그림처럼 W자 모델이 되기 쉽다.

먼저 1번의 영역인 기존 중간 기술 영역 중 단순하고 반복적인 일들은 자동화가 심화되므로 지금의 추세대로 계속 직업군이 감소할 것이다. 하지만 중간 기술 영역 중 상대적으로 지식 요구가 강한 직업군은 인공지능의 도움으로 현재의 전문가 정도의 업무 역량을 발휘하게 되며, 상대적으로 직업군이 더 증가할 것이다. 이것은 5장

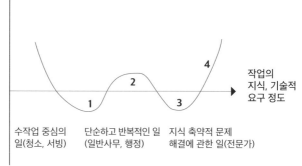

'케이론 모델 가설'에 따른 직업의 분포

전체 고용에서의 비율 변화

작업의 지식, 기술적 요구 정도

1 수작업 중심의 일(청소, 서빙)

2 단순하고 반복적인 일(일반사무, 행정)

3 지식 축약적 문제 해결에 관한 일(전문가)

4

※ '케이론 모델 가설'에 따르면 앞으로의 직업 분포는 납작한 U자 모델보다는 W자 모델이 되기 쉽다.

에서 살펴본 것처럼 최고 전문가보다는 수련의 등 초보 전문가들이 인공지능의 도움을 받고 의사결정을 했을 때 도움받는 정도가 더 크다는 결과를 보인 것에서 알 수 있다.

전체적으로 기업은 노동력이 상대적으로 비싼 전문가 대신 '준전문가＋인공지능 모델'을 적극 활용할 것으로 보인다. 따라서 3번 영역에 해당하는 전문가 직업군은 점차 감소할 것이다. 이것은 앞의 U자 모델에서처럼 인공지능이 전문가를 대체하기보다는, '준전문가＋인공지능'의 모델이 보편화되면서 좀 더 임금이 낮은 준전문가로 대체되는 것으로 보는 것이 타당하다. 마지막으로 4번 영역에서 일반적인 전문가 영역은 인공지능으로 인해 감소할 테지만, 인공지능을 통해 문제해결 능력을 배가시킬 수 있는 초전문가 영역은 확대될 것으로 예상된다.

이러한 케이론 모델은 앞으로 개인이 어떤 역량을 키워야 하고 향후 교육 시스템이 어떻게 바뀌어야 하는지를 제시해준다. 결론적으로 말해 앞으로 발전하고 커나갈 직업군은 서빙 등 수작업 위주의 직업군, 중간 수준 기술에 인공지능을 접합할 수 있는 직업군, 전문가 중 인공지능을 이용해 초전문가로 나아갈 수 있는 직업군, 이렇게 세 가지로 예측할 수 있다. 수작업 위주의 직업을 제외한 나머지 직업군은 향후 인공지능의 활용이 매우 중요해질 것이란 의미다.

이 변화를 이해하려면 기업의 입장에서 생각해봐야 한다. 향후 기업은 AI를 개발하고 초급 전문가를 고용해 기존에 전문가가 전담했던 분야를 맡게 할 것이다. 이는 초기에 AI 개발 비용 부담이 따르지만 고정비가 안정되면 비용 효과가 커진다. 다시 말해 이 시스템이 완성되면 기업은 한계 비용을 줄이면서 업무의 확장성을 높일 수 있다. 현재 해외 금융 분야에서 인력이 IT 및 인공지능 전문가로 변화되는 것을 보면 쉽게 이해할 수 있다. 하버드 비즈니스 스쿨 교수 마르코 이안시티Marco Iansiti와 카림 라크하니Karim Lakhani가 쓴 《온택트 경영학》에 따르면, 중국의 앤트파이낸셜 그룹Ant Financial Services Group은 최근 3년간 10배 이상 성장하는 중에 직원 수는 불과 10퍼센트 증가했다. 이런 일례에 비춰볼 때, 지금까지는 기존의 업무가 대졸 출신의 은행 전문가들에 의해 이루어졌지만 앞으로는 소수의 일반 전문가만 필요하게 될 것으로 예측된다.

하지만 모든 전문가의 영역이 인공지능에 대체되지는 않는다. 앞서 인간 애널리스트와 인공지능의 결과 비교에서도 보았듯, 회계의 이면을 읽는 능력이나 경제를 파악하는 독창적인 지식이 필요한 전문영역은 지금의 인공지능으로 해결하기 힘들다. 따라서 자신만의 모델을 만들어 실험하고 인공지능을 이용해 새로운 지식을 획득하는 능력을 갖춘 전문가는 남과 비교할 수 없는 초전문가로 자리 잡을 것이다.

인공지능의 판단을 해석하는
현명한 자세

인공지능 시스템을 효과적으로 활용하려면 인공지능이 어떤 식으로 판단의 오류를 범하는지 정확히 이해해야 한다.

인공지능의 판단의 오류는 크게 두 가지로 나눌 수 있다. 하나는 맞는 것을 틀린 것으로 판단하는 경우이고, 다른 하나는 틀린 것을 맞는 것으로 판단하는 경우다. 우리는 첫 번째 오류를 '위양성 False Positive', 두 번째 오류를 '위음성False Negative'이라 부른다.

인공지능은 스스로 판단해 스팸 메일을 처리해준다. 하지만 때로는 스팸 메일이 아닌데도 스팸함에 넣는 경우(위양성)가 있고, 스팸 메일인데도 수신함에 넣는 경우(위음성)가 있다. 코로나 진단기도 비슷한 문제를 보였다. 코로나에 걸리지 않았는데 확진자로 잘못 판단하는 경우(위양성)와 코로나에 걸렸는데 아닌 것으로 판단하는 경우(위음성)가 있었다.

위양성과 위음성 문제

대개 시스템의 정확도라는 것은 전체 수 대비 맞게 예측한 수의 비율이다. 즉, 전체 수에서 위양성, 위음성 오류가 난 수를 뺀 후 전체 수로 나누어 구하는 것이다. 따라서 위양성과 위음성을 모두 줄이면 정확도를 올릴 수 있다. 하지만 보통 위양성과 위음성은 서로 '교환 균형'의 관계에 있다. 즉, 동일 시스템에서는 위양성을 올리면 위음성이 내려가고 위음성을 올리면 위양성이 내려간다(물론 시스템 성능을 향상시켜 둘 모두를 내릴 수도 있다).

다시 스팸 메일 이야기로 돌아가자. 스팸 메일을 분류하는 머신러닝은 광고성 메일에 많이 들어가는 단어를 찾는 방식으로 진행된다. 예를 들어 '마지막 기회', '지금 즉시'라는 단어가 들어가면 스팸 메일로 분류한다. 만약에 '기회'라는 단어가 포착되면 무조건 스팸 메일로 분류하는 머신러닝을 구현했다면, 위음성 오류는 내려가는 반면 위양성 오류는 올라갈 것이다.

인공지능이나 머신러닝을 활용하는 사람들은 이러한 두 오류의 교환 관계를 정확히 이해한 뒤, 각각의 오류에서의 리스크와 사용

자의 리스크에 대한 반응 정도를 같이 고려해 시스템을 사용해야
한다.

공항 금속 탐지기의 위양성과 위음성 리스크

예를 들어 공항의 금속 탐지기를 통과하는 문제라면 위양성보다
는 위음성 오류로 인한 리스크가 훨씬 크다. 각각의 리스크를 정리
하면 다음과 같다.

* **위양성 오류로 인한 리스크** : 검색대 통과 후 사람이 다시 확인하는 번
  거로움, 공항 이용자의 불편.
* **위음성 오류로 인한 리스크** : 무기 소지자가 비행기에 탑승해 테러를 일
  으킬 확률(무기 소지를 숨긴다는 것은 범죄를 염두에 두고 있다는 합리
  적 의심이 가능하다) 증가.

따라서 시스템은 되도록 위음성 오류를 낮추도록 설계되고, 이것
은 위양성 오류를 높이는 결과를 초래한다. 이로 인해 상당수의 사
람이 공항의 금속 탐지기를 지날 때 불편한 경고음을 듣게 되고 다
시 한번 사람에게 검사를 받는 수고를 감내해야 한다. 하지만 이것
은 위험한 물건을 가진 사람을 통과시켰을 때 생기는 엄청난 리스
크를 상쇄한다.

스케줄 관리 인공지능의 위양성과 위음성 리스크

공항 금속 탐지기의 경우 리스크 비교가 쉽지만, 대다수의 경우 그리 간단하지 않으며, 리스크에 대한 인지 역시 사람마다 달라 설계가 쉽지 않다.

'이메일 기반 스케줄링 시스템을 쓸 때 어떤 경우 사람들이 시스템을 더 수용하는가'를 밝힌 연구 결과를 살펴보자. 워싱턴대학과 마이크로소프트 연구팀이 가상의 인공지능 시스템을 개발해 대중을 상대로 실험했다.[42)]

이 실험에 사용된 인공지능은 사람들이 주고받는 이메일을 읽고 약속이 만들어지는 것을 파악해 저절로 인터넷 캘린더에 표시해주는 시스템이다.

연구팀은 동일한 정확도를 갖고 있는 시스템에서 한 그룹은 위양성 오류(약속이 아닌데 약속이라고 인지해 캘린더에 표시)를 낮추는 시스템을, 다른 그룹은 위음성 오류(약속인데 약속을 인지하지 못하고 캘린더에 표시하지 않음)를 낮추는 시스템을 각각 사용하게 했다. 이후 양 그룹의 시스템 수용도(사용자가 시스템에 대해 얼마나 만족하고 계속 사용할 의사를 보이는가)를 조사했다.

연구자들은 사용자들이 위양성 오류에 더 민감할 것이라 예측했지만 결과는 반대였다. 사람들은 캘린더에 잘못된 스케줄이 잡히는 것보다 스케줄이 누락되는 것을 훨씬 더 불만족스러워했다.

* **위양성 오류로 인한 리스크** : 약속이 아닌데도 약속으로 잡혀서 캘린더에 표시됨.

* **위음성 오류로 인한 리스크** : 약속인데 약속이 아니라고 인지해 캘린더에 표시되지 않음.

인공지능 신뢰도에 가려진 치명적인 오류들

인공지능이나 머신러닝을 사용해 의사결정을 내릴 때는 단순하게 정확도만 볼 것이 아니라 위양성과 위음성의 리스크를 같이 고려해야 한다. 다음의 예는 정확도가 85퍼센트에 이르는 시스템의 문제점이 극명하게 드러난 사례다.

나이 판독의 정확도

A그룹은 기업 마케팅 차원에서 인스타그램을 분석해 20대 사용자를 대상으로 프로모션을 진행하기로 했다. 사진을 보고 나이를 판독하기 위해 딥러닝에서 주로 이미지 인식 및 데이터를 분석할 때 쓰는 CNN 모델을 사용했다.

나이 판독은 총 1,000명의 사진을 대상으로 진행되었으며, 이 중 20대 사용자는 900명이었다. 900명의 20대 사용자 중 이 시스템은 800명은 20대라고 판독했고, 100명은 20대가 아니라고 판독했다.

대상자 중 20대 사용자가 아니었던 100명의 나이에 대해서는 어떻게 판독했을까? 50명은 20대가 아니라는 걸 맞혔고, 50명은 20대로 잘못 판독했다.

결과적으로 이 나이 판독 시스템은 총 1,000명의 대상자(20대 900명, 그 외 100명) 중 850명의 나이를 맞혔으므로 85퍼센트의 정확도를 보였다. 이것은 과연 높은 정확도라고 할 수 있을까?

위양성과 위음성을 두고 다시 살펴보면 이 시스템의 맹점이 바로 드러난다. 20대를 20대로 제대로 맞힌 확률은 900명 중 800명으로 88.8퍼센트이지만, 20대가 아닌 사람을 20대가 아닌 사람으로 제대로 맞힌 확률은 50퍼센트에 불과하다. 즉, 시스템에서 20대라고 예측한 850명 중 50명이 오류였기 때문에 위양성 오류는 6퍼센트보다 적지만, 시스템에서 20대가 아니라고 예측한 150명 중 100명이 실제로는 20대이므로 위음성 오류는 67퍼센트에 달한다.

전체 샘플 중 90퍼센트가 20대이므로 인공지능의 판단 없이 무조건 20대라고 답해도 정확도는 90퍼센트에 이른다. 오히려 인공지능보다 정확도가 높아지는 것이다. 이렇듯 우리가 인공지능이나 머신러닝을 활용하려면 시스템의 예측력을 정확히 이해해야 한다.

흑인 재범 확률 계산의 정확도

인공지능이 어떻게 디자인되었는지 이해하면 설계자의 철학이 사회적 이슈와 어떻게 연계되어 있는지 알 수 있다. 시스템을 설계하는 과정에서 설계자의 철학과 이념이 반영되는 경우가 많기 때문이다. 다음 사례는 인공지능의 인종차별이 사실은 설계자의 철학에서 비롯된 것임을 알려준다.

최근 미국에서는 사법 시스템에서 재범 확률을 계산해 판사가 보석 허가 형량을 정하는 데 도움이 되도록 설계된 인공지능 시스템 '콤파스COMPAS'에 대한 흑인 편견 논란이 있었다. 논란은 2016년 미국의 비영리 인터넷 신문 〈프로퍼블리카Propublica〉에 실린 '기계의 편견Machine Bias'이라는 기사에서 비롯되었다.

이 기사는 콤파스의 판단을 분석한 연구자들의 주장을 그대로 싣고 있다. 이 연구에서 연구자들은 구속 수감된 약 1만 명을 대상으로 실제 재범을 얼마나 저질렀는지, 그리고 이 인공지능 시스템이 그것을 얼마나 정확하게 예측했는지를 조사했다. 이 기사가 주목을 받은 건 인공지능 시스템이 흑인에 대한 불리한 편견을 드러내고 있음을 연구 결과가 그대로 보여준다고 주장했기 때문이다. 기사에는 이렇게 실려 있었다.

"바블로 판사는 절도범 질의 판결에 대해 변호사들과 합의했다. 그는 1년의 징역형과 1년의 보호 감찰을 받을 예정이었다. 하지만 바블로 판사는 콤파스 시스템이 도출한 재범확률 점수가 매우 높다는 것을 발견했다. 때문에 형량을 2년으로 늘리고 보호 감찰도 3년으로 선고했다."

— '기계의 편견', 〈프로퍼블리카〉, 2016년

이렇듯 이 시스템은 판사의 의사결정에 중대한 영향을 미치고 있었다. 하지만 이 시스템의 결정이 인종 편견을 드러내고 있다면 이것은 심각한 문제가 아닐 수 없었다. 사실 이 시스템은 범죄 이력과 범죄에 대한 범죄자의 태도를 묻는 137가지 질문('당신은 당신의 범죄가 술이나 마약과 연관이 있다고 생각하는가?', '당신은 가족들과 얼마나 자주 연락하면서 지내는가?' 등의 질문)에만 의존하고 있지, 인종에 대한 정보를 입력값으로 사용하지는 않았다. 그렇다면 이 시스템은 왜 흑인에게만 불리하게 적용되었던 것일까?

다음 표에 나타나듯이 이 시스템의 인종에 대한 재범 예측의 정확도는 64.9퍼센트 대 65.7퍼센트로 거의 차이가 없다. 다만 차이가 있는 것은 위양성과 위음성의 오류 비율이다. 여기서 위양성 오류는 재범을 저지를 것으로 예측했으나 실상은 그렇지 않다는 것이고, 위음성 오류는 재범을 안 저지를 것으로 예측했으나 사실 재범을 저지른 경우다. 정확도는 두 오류가 낮을수록 좋아진다. 앞서 설명한 대로, 인공지능의 디자인에 있어 위양성과 위음성은 이율배반

콤파스의 인종별 재범 예측 결과

	흑인	백인
정확도	64.9%	65.7%
위양성 오류 비율	40.4%	25.4%
위음성 오류 비율	30.9%	47.9%

AI로 경영하라

의 관계를 갖기 때문에 한쪽의 리스크를 줄이면 다른 쪽의 리스크는 상대적으로 늘어나게 된다. 각각의 리스크는 아래와 같다.

* **위양성 오류로 인한 리스크** : 재범하지 않을 사람을 재범할 것으로 예측해 사회 격리를 강화한다.
* **위음성 오류로 인한 리스크** : 재범할 사람인데 재범 안 할 것이라 판단하고 사회에 내보내 선량한 시민들이 피해를 본다.

가치중립적일 수 없는 인공지능

그렇다면 개발자 입장에서 공정한 시스템이란 어떤 것이어야 할까? 만약 당신이 개인의 자유를 조금 더 속박하더라도 사회의 안전이 더 중요하다고 생각한다면 위음성 리스크를 중요시해서 위음성 오류를 더 줄이려 할 것이다.

하지만 사회적 안전이 희생되더라도(출소자의 재범 가능성이 있더라도) 재범 가능성이 확실하지 않으면 사회에 편입시켜야 한다고 생각한다면 위양성 오류를 줄이는 방향으로 시스템을 설계할 것이다.

현재의 시스템은 위음성 오류를 줄이는 방향으로 설계되어 있다. 수감자의 예로 보면 보석을 허가하지 않는 방향으로 결정되기 쉽게 설계되었음을 의미한다. 통계적으로 인구 대비 수감자 비율이 높고 재범 확률 분포에서 백인에 비해 높은 확률 대에 분포된 흑인은 보석을 받기가 더욱 어렵게 설계된 것이다. 따라서 이 시스템은 흑인에게 더 가혹한 시스템일 가능성이 있다.

이렇듯 인공지능은 가치 중립적이지 않고 설계자와 개발자의 철학과 신념이 반영될 수밖에 없다. 그리고 이러한 '주관적' 공정성에 의해 인공지능의 편견이라는 문제도 생길 수 있다.

이런 이슈는 예로 든 사법 시스템뿐만이 아니라 채용, 의료 진단, 주가 예측 등 모든 분야에서 나타날 것이다. 따라서 인공지능을 이용해 의사결정을 하는 사람은 데이터의 투명성과 함께 시스템 디자인의 요소 또한 잘 이해해야 한다.

태풍 예보와 딸기타르트
판매 사이의 상관관계

우리가 사용하는 모든 인공지능이나 빅데이터 분석은 기본적으로 데이터를 이용하며, 데이터를 통한 결과는 통계적 상관관계만을 나타낼 뿐이다. 즉, 한쪽 변수가 결과변수와 같이 움직인다는 뜻이다. 우리가 사회를 정확히 이해하려면 한 변수의 움직임이 다른 목적변수의 움직임에 인과적 영향을 미쳐야 하는데, 많은 경우 상관관계는 인과적 원인이 아니더라도 같이 움직일 수 있다.

예를 들어 초등학생의 언어 능력을 높이기 위한 연구에서 단순 통계치만 생각한다면 신발 사이즈와 언어 능력이 정비례함을 발견할 수 있다. 그 결과 이런 결론이 도출된다. '초등학생 중 신발 사이즈가 큰 아이들이 다른 아이들에 비해 언어 능력이 뛰어나다.' 우리는 상식적으로 이것이 틀린 인과관계임을 금세 알아챈다. 하지만 우리보다 지능이나 계산력은 높지만, 지구인의 생활을 이해하지 못하는 외계인이라면 이것이 틀린 인과관계임을 알기 어렵다. 그 결과 초등학생의 언어 능력을 올리기 위해 발 크기를 키우는 엉뚱한 결정을 내리게 될 것이다.

상관관계를 인과관계로 착각하는 두 가지 경우

상관관계를 인과관계로 착각하는 것은 대개 다음 두 가지 경우다. 첫 번째, 인과관계가 거꾸로 된 경우다. 예를 들어 소방 피해액과 소방차 출동 대수는 많은 경우 상관관계를 보인다. 하지만 이를 인과관계로 잘못 해석한 외계인은 소방 피해액을 줄이기 위해 될 수 있는 대로 소방차 출동 대수를 줄이려고 할 것이다.

여기서 굳이 외계인이라 지칭한 이유는 우리가 잘 모르는(지구인의 생활을 이해하지 못하는 외계인처럼) 영역에서는 인공지능의 판단만으로 결론을 내리는 우를 범하기 쉽다는 것을 보여주기 위해서다. 소방차 출동 문제나 초등학생 신발 사이즈 문제 같은 단순한 사안은 누구라도 상식적으로 이해할 수 있다. 하지만 내가 잘 알지 못하는 마케팅, 제조, 사회 문제 등 이라면 누구라도 인공지능의 결과를 잘못 해석해서 큰 문제를 일으킬 수 있다. 예를 들어 지난 100

년간의 데이터를 분석한 결과 부부 당 자녀의 수가 많을수록 평균 수명이 짧았다는 결과를 얻었다면 깊이 생각하지 않고 장수를 위해 자녀의 수를 줄여야 한다는 결과를 도출하는 것이다.

예로부터 서양에서는 머리에 이가 생기는 것을 건강의 신호로 생각했다. 하지만 이것 역시 상관관계를 인과관계로 잘못 해석한 것이다. 병약한 사람은 영양분이 부족해 이가 생기지 않는다는 사실을 알게 된다면 반대의 해석이 나올 것이다.

* **잘못된 해석의 인과관계** : 이가 생김 → 건강
* **올바른 인과관계** : 건강 → 이가 생김

인과관계와 상관관계의 혼동 중 대부분은 가짜 상관관계Spurious Correlation라 말하는 중간 매개변수에 의해 발생한다. 이것이 두 번째 경우다. 여기서 관계는 'A → B'로 보이지만 사실은 다른 요인 C가 중간에 작용해 A, B에 각각 영향을 미침으로써 마치 A가 B에 영향을 미치는 것처럼 보이는 것이다.

앞서 언급한 신발 사이즈와 언어 능력의 비례 또한 가짜 상관관계다. 여기서는 '나이'라는 변수가 중간에 위치해 신발과 언어 능력에 모두 영향을 미치고 있다. 따라서 단순한 상관관계 결과를 갖고 인과관계를 지나치게 확대 해석하면 큰 오류를 범할 수 있다.

물론 최근의 인공지능은 엄청난 데이터를 이용해 분석함으로써

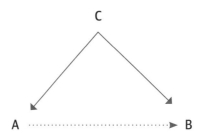

단순한 상관관계를 인과관계로 잘못 해석하는 착오를 거의 극복했다. 이런 이유로 이제 '상관관계=인과관계'로 생각해도 된다고 주장하는 일부 학자도 있다. 하지만 최근에는 인과관계라는 것은 데이터가 아무리 많더라도 증명할 수 없으므로 결국은 과학적 사고가 더 중요해질 것이라는 주장이 힘을 얻는 추세다. 인공지능을 과신하면 상관관계를 인과관계로 착각하게 되어 틀린 의사결정을 내리게 된다. 그렇다면 앞으로 인공지능의 결과는 어떻게 활용되어야 할까?

정말 실행할 것인가, 말 것인가

월마트의 사례를 보자. 플로리다는 1년 내내 태풍이 많이 부는 것으로 유명하다. 태풍이 온다는 예보를 접하고 사람들은 어떤 물품을 많이 구매할까? 통상적인 예측대로 식수, 건전지 등을 사는 사람이 많았다. 하지만 분석 결과 이들이 의외의 물품을 많이 구입한다는 사실도 드러났다. 태풍 예보가 있을 때 맥주와 딸기타르트가 평소보다 일곱 배 이상 팔렸던 것이다. 이 분석을 접한 월마트는 태풍 경보 후에 평소보다 많은 양의 맥주와 딸기타르트를 사람들이 많이 다니는 길목에 진열해 매출을 높일 수 있었다.

여기서 태풍 예보는 맥주와 딸기타르트 구매와 인과관계가 있을까? 인과관계를 이해하려면 '왜?'라는 질문이 필수다. 사람들은 '왜' 태풍 예보를 듣고 맥주와 딸기타르트를 구매했을까? 여러 가지 이유를 도출할 수 있을 것이다. 하지만 이런 설명을 만들기 전에 생각해야 할 것은, 그런 설명이 필요한가 하는 점이다. 그리고 이것에 대한 실행계획을 만들 경우의 손익분석이다.

이 경우는 굳이 이유를 모르더라도 이것을 바탕으로 한 실행계획의 손익은 이익을 볼 확률이 손해를 볼 확률보다 커 보인다. 물론 상관관계인지 인과관계인지를 이해하는 것도 필요하지만 그보다 더 중요한 것은 지금의 상관관계를 갖고 행동을 취할 것인가, 취한다면 어떤 행동을 취할 것인가를 결정하는 것이다. 상관관계의 분석 결과를 바탕으로 정말 실행할 것인가 말 것인가를 결정할 때 보스턴경영컨설팅그룹의 '상관관계 결정 매트릭스'는 좋은 툴을 제공한다.[43]

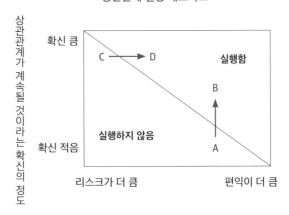

상관관계 결정 매트릭스

이 매트릭스의 가로축은 실행에 대한 리스크와 편익, 세로축은 앞으로도 이런 상관관계가 계속될 것인가에 대한 확신의 정도다. 이때 세로축은 '앞으로 이런 일이 얼마나 더 있을 것인가'와 '이런 상관관계가 인과관계가 될 것인가'에 대한 확실한 이해를 바탕으로 결정된다.

예를 들어 태풍 예보와 딸기타르트의 관계에서는 매출 증가에 대한 편익이 크지만, 과거 몇 번의 결과로 이를 일반화할 수 있을지 확신할 수 없으면 계획을 실행하지 않을 수도 있다(A의 영역). 과거의 데이터를 뽑아보니 이런 경향이 10년 이상 계속되었고 앞으로도 계속될 것이란 확신이 든다면, 또는 추가 인간 행동 등의 연구에 의해 이것의 이유를 규명한다면(그래서 인과관계를 이해하게 되었다면) B의 영역으로 넘어가 실행(딸기타르트 재고를 늘리고 입구에 진열)의 단계로 가게 된다.

　만일 자동차 보험회사에서 인공지능으로 사고를 예측한 결과, 대학 성적이 좋을수록 사고가 줄어드는 것을 발견했다고 가정해보자. 이 경우 대학 학점과 자동차 사고 확률에 관해서는 확실한 인과관계를 만들기 힘들다. 이런 경우 같은 확신의 정도에서는 리스크와 편익을 조절하는 전략을 만들어 실행할 수 있다. 첫째로, 보험금 산정 시 대학 학점을 제출하게 해 성적이 좋으면 보험금을 감면해주는 방법이 있다(C의 영역). 둘째로, 성적이 좋은 사람을 찾아내 그 사람들을 대상으로 프로모션 활동을 강화하는 방법이 있다(D의 영역). 마지막으로, 앞의 두 가지 방법을 같은 확신 정도에서 보는 경우에 첫 번째 방법은 나중에 알려졌을 때 리스크가 크기 때문에 두 번째 방법으로 옮겨가 실행할 수도 있다(C의 영역→D의 영역).

　이렇듯 우리는 인공지능의 결과가 인과관계라는 것을 증명할 수 없지만 결과에 대한 확신, 리스크, 편익의 관계를 분석해 결과 활용을 어떻게 할지 결정할 수 있다.

초전문가를 만들어내는
인공지능의 힘

앞서 인공지능으로 인해 일자리에 변화가 일어날 때 전문가 영역 중 수요가 늘어날 부분을 초전문가의 영역이라 칭했다. 초전문가 직군은 자기 분야의 전문지식에 인공지능을 활용해 전문 영역에서 가장 뛰어난 성과를 보이는 전문가 집단을 뜻한다. 많은 사람들이 창의성, 감성 등을 인공지능 시대에 필요한 역량으로 꼽고 있는데, 이것이 어떤 의미인지 인공지능 측면에서 풀어보자.

인공지능은 인간보다 계산과 패턴 인지, 학습 능력이 뛰어나다. 이러한 인공지능을 이용해 어떻게 차별화 포인트를 만들 수 있을까? 먼저 차별화가 힘든 것은 분석 능력이다. 많은 사람들이 인공지능을 배우며 여러 가지 분석 방법을 학습하고 있다. 하지만 분석 자체는 지식이 명시적으로 정의된 분야이므로 알고리즘을 통해 새로운 분석 방법을 디자인하는 몇몇 사람을 제외하고는 개발된 분석 방법을 사용하는 데 있어 변별력을 갖기 힘들다. 따라서 차별화를 가능케 하려면 다음 역량이 필요하다.

* 문제를 정의하고 가설을 만들 수 있는 능력
* 새로운 데이터를 응용해 기존 문제에 창의적이고 새로운 시각으로 접근하는 능력
* 문제해결을 하면서 '새로운 가설-검증-러닝'을 통해 새로운 지식을 만들어갈 수 있는 능력

가설을 만들 수 있는 능력

문제가 정의되면 인공지능으로 풀 수 있지만 문제를 정의하는 것은 인간의 고유 영역이다. 93세까지 장수한 천재 화가 파블로 피카소가 컴퓨터의 본질을 파악한 후 내뱉은 말은 인공지능 시대에도 해당된다.

"컴퓨터는 무용지물이다. 오직 답만 낼 줄 안다."

우리는 컴퓨터를 발전시켜왔고, 지금의 인공지능 시대를 만들며 답을 잘 제시할 수 있는 시스템을 계속해서 개발해왔다. 하지만 인

간과 인공지능은 큰 차이점이 있다. 인간만이 문제를 정의할 수 있다는 점이다. 문제를 정의하려면 먼저 맥락을 이해해야 한다. 그리고 핵심 문제를 볼 수 있어야 하며 다른 사람들과 커뮤니케이션을 하면서 문제에 대한 공감대를 형성시킬 수 있어야 한다.

또 하나의 중요한 능력은 가설을 도출할 수 있는 능력이다. 매출이 떨어지고 있을 때 과연 무엇이 어떤 문제를 일으키고 있는가를 고민하고 통찰력 있는 가설을 만들어낼 수 있어야 한다. 그 가설은 곧 해결해야 할 문제가 되고, 인공지능을 통해 가설이 맞는가를 테스트해볼 수 있다. 우리가 흔히 말하는 인문학적 소양이란 단지 르네상스를 이해한다는 말이 아니다. 인공지능·빅데이터의 시대에 인문학이 중요한 이유는 남들과 다르게 문제의 본질을 파악하고 독창적인 아이디어로 새로운 가설을 만들어야 하기 때문이다.

새로운 시각으로 접근하는 능력

현재의 인공지능은 데이터에 기반한 귀납적 추론을 한다. 똑같은 문제를 똑같은 데이터로 분석하면 같은 답이 나올 수밖에 없다. 차별점은 남과 다른 데이터를 응용하는 능력이다. 이는 빅테크나 핀테크 기업처럼 처음부터 남과 다른 데이터를 확보하고 있는 기업들에게 절대적으로 유리하다. 하지만 이제 마이데이터 등의 환경 변화를 통해 이런 데이터들의 거래가 가능해지고 있다. 또한 데이터에 대한 주권 문제가 연속적으로 제기되면서 개인이 생성한 데이터를 두고 빅테크 기업이 단독 재산권을 주장하기 힘든 상황이다.

따라서 개인의 중요한 차별화 포인트는 수많은 데이터 중에서 문제 풀이에 맞는 창의적인 데이터를 적용하는 능력이다. 디지털화를 통해 새롭게 창출되는 데이터를 새로운 시각으로 해석하고 활용할 수 있어야 한다. 향후 개인의 역량과 경쟁력은 새롭고 다양한 데이터를 새로운 시각으로 이해하고, 이를 기존 문제에 얼마나 창의적으로 적용하느냐에 의해 결정될 것이다.

새로운 지식을 만드는 능력

비록 제한적 범위이긴 하지만 바둑, 체스는 인공지능을 통해 우리의 지식이 어떻게 발전할 수 있는지를 보여주었다. 인간 최고 전문가보다 월등한 시스템이 개발되면 그런 가능성은 어느 분야에서나 열릴 수 있다. 하지만 게임과 달리 인간의 문제해결 영역은 맥락과 범위가 정해져 있지 않은 경우가 대부분이다. 이런 경우에도 인간이 인공지능을 통해 지식을 강화할 수 있을까?

인간이 지식을 획득하는 방식 중 하나는 가설과 검증 그리고 러닝을 통해서다. 기존의 전문가가 자신만의 지식과 뛰어난 경험으로 남들과 차별화되는 지식을 지키고 만들어갔다면 향후 초전문가는 인공지능을 통해 자신의 가설을 직접 테스트하고 실험하면서 지식의 범위를 확장할 수 있다.

그렇다면 인간과 인공지능의 가장 큰 차이는 무엇일까? 인공지능의 인과성을 지속적으로 연구해온 주데아 펄Judea Pearl 교수는 자신의 책《왜에 관한 책The book of why》을 다음의 성경 구절로 시작한다.

"이르시되 누가 너의 벗었음을 네게 알렸느냐. 내가 네게 먹지 말라 명한 그 나무 열매를 네가 먹었느냐." 아담이 선악과를 먹고 여호와 하나님의 부르심을 받고 벗었으므로 두려워하며 숨었을 때 여호와가 묻는다.

"아담이 이르되 하나님이 주셔서 나와 함께 있게 하신 여자, 그가 그 나무 열매를 내게 주므로 내가 먹었나이다."

하나님은 선악과를 먹었느냐고 물었지만, 아담은 이유를 댄다. 즉, 그는 이제 에덴동산에 사는 하나님의 형상을 띤 인간이 아니라, 선악과를 먹고 '눈이 밝아져' 벗은 것을 부끄러워하고 결국에는 죽음에 이르는 인간이 되었다. 인간은 지식을 획득했지만 그로 인해 한평생 '수고'해야 하는 삶을 시작한 것이다.

우리는 이 책에서 인공지능의 간단한 원리에서부터 인공지능의 편견에 대한 이해 그리고 인공지능과 인간이 조직·프로세스·개인의 측면에서 서로의 장점을 이용하는 방식 등 적지 않은 논의를 했다. 나는 이 여정에서 인공지능이 인간보다 월등한 계산 능력으로 인간이 보지 못하는 패턴을 분석해 도움을 주는 방식에서부터 그 계산 능력이 어떻게 편견이 될 수 있는지 설명했다. 특히 인공지능과 인간이 본질적인 차이 그리고 서로의 단점을 보완하며 협업 모델을 만드는 과정을 보여주었다.

인간과 인공지능의 차이는 결론적으로 하나다. 그것은 '왜(why)라는 질문을 던질 수 있는가?'이다. '왜'라는 질문은 인간의 목적성을 나타내는 유일한 창구다. 이 질문을 통해 인간은 가설을 만들고 테스팅하면서 지식을 만들어간다. 향후 인공지능은 엄청난 속도로 발전해나가겠지만 '질문할 수 있는 인간'은 인공지능과 차별화될 것이며, 각 산업 분야의 전문가는 인공지능을 이용한 가설, 검증, 러닝을 통해 초전문가가 될지 인공지능의 대체자가 될지 결정될 것이다.

1) David H. Autor, 'Why Are There Still So Many Jobs? The History and Future of Workplace Automation', 〈Journal of Economic Perspectives〉, 2015.

2) Thomas H. Davenport, D. J. Patil, 'Data Scientist: The Sexiest Job of the 21st Century', 〈Harvard Business Review〉, 2012.
Michael Lesk, 'How Much Information Is There In the World?', 1997.

3) '지난해 취업준비비로 평균 378만 원 지출… 2년 전보다 36만 원 늘어', 〈뉴시스〉, 2021년 1월 14일.

4) Barry Deutsch, 'No Correlation Between Interviewing and On-The-Job Performance', 〈Linkedin〉, June 6th, 2014.

5) 'AI역량검사 백서', midas HRi. (http://www.midashri.com/aicc)

6) '일상생활 속의 AI노믹스 ① AI 면접관이 취업 · 인사 담당하는 시대 | 인공지능 활용한 채용 늘어나자 전문학원도 등장', 〈매일경제〉, 2020년 1월 31일.

7) 'More Than Half of Employers Have Found Content on Social Media That Caused them NOT to hire a Candidate', 〈CareerBuilder〉, August 9th, 2018.

8) Lauren Salm, '70% of Employers Are Snooping Candidates' Social Media Profiles', 〈CareerBuilder〉, June 15th, 2017.

9) Carl Benedikt Frey, Michael Osborne, 'The future of employment: How susceptible are jobs to computerisation?', 〈Oxford Martin School Working Paper〉, 2013.

10) 최석웅, 김남일, 김준식, 강효, '인공지능이 인간의 의사결정에 미치는 영향: AI 기반 바둑 프로그램과 프로기사에 관한 연구', 〈USC Marshall School of Business Research Paper〉, 2021년.

11) 최석웅, 김남일, 김준식, 강효, '인공지능이 인간의 의사결정에 미치는 영향: AI 기반 바둑 프로그램과 프로기사에 관한 연구', 〈USC Marshall School of Business Research Paper〉, 2021년.

12) '압박 안 먹히는 세무플랫폼… 고민 깊어지는 세무사업계', 〈일간NTN〉, 2021 년 9월 16일.

13) Oriol Vinyals, Igor Babuschkin, David Silver, 'Grandmaster level in StarCraft2 using multi-agent reinforcement learning', 〈nature〉, October 30th, 2019.

14) 'AI작곡가의 음악도 아름다울까?', 〈중앙일보〉, 2020년 5월 22일.

15) Mark Coeckelbergh, 'Can Machines Create Art?', 〈Philosophy & Technology〉, 2016.

16) Leon A. Gatys, Alexander S. Ecker, Matthias Bethge, 'Image Style Transfer Using Convolutional Neural Networks', 〈CVPR paper〉, 2016.

17) Ahmed Elgammal, Bingchen Liu, Mohamed Elhoseiny, Marian Mazzone, 'CAN: Creative Adversarial Networks, Generating "Art"', 〈2017 ICCC〉, 2017.

18) Zsolt Katona, Marcus Painter, Panos N. Patatoukas, Jean Zeng, 'On the Capital Market Consequences of Alternative Data: Evidence from Outer Space', 〈9th Miami Behavioral Finance Conference〉, 2018.

19) John R. Zech et al., 'Variable generalization performance of a deep learning model to detect pneumonia in chest radiographs: A cross-sectional study', 〈PLOS Medicine〉, 2018.

20) Robert Geirhos et al., 'ImageNet-trained CNNs are biased towards texture: increasing shape bias improves accuracy and robustness', 〈International Conference on Learning Representations〉, 2019.

21) '체코의 체스 명인, 대회 중 몰래 스마트폰 참고하다 출전 금지', 〈한경사회〉, 2019년 12월 7일.

22) Sean Cao, Wei Jiang, JunboL. Wang, Baozhong Yang, 'From Man vs. Machine to Man+Machine: The Art and AI of Stock Analyses', 〈Columbia Business School Research Paper〉, 2021.

23) Sean Cao, Wei Jiang, JunboL. Wang, Baozhong Yang, 'From Man vs. Machine to Man+Machine: The Art and AI of Stock Analyses', 〈Columbia Business School Research Paper〉, 2021.

24) Sean Cao, Wei Jiang, JunboL. Wang, Baozhong Yang, 'From Man vs. Machine to Man+Machine: The Art and AI of Stock Analyses', 〈Columbia Business School Research Paper〉, 2021.

25) Lacity, Willcocks, Craig, 'Service Automation: Cognitive Virtual Agents at

SEBbank', 〈The Outsourcing Unit Working Research Paper Series〉, 2017.

26) Philipp Tschandl et al., 'Human – computer collaboration for skin cancer recognition', 〈Nature Medicine〉, 2020.

27) '인공지능으로 유방암 진단오류 획기적으로 줄인다', 서울대학교 병원뉴스, 2021년 1월 27일. (http://www.snuh.org/board/B003/view.do?bbs_no=5408)

28) Rob van der Meulen, Thomas McCall, 'Gartner Says Nearly Half of CIOs Are Planning to Deploy Artificial Intelligence', 〈Gartner〉, February 13th, 2018.

29) Mayur P. Joshi et al., 'Why So Many Data Science Projects Fails to Deliver', 〈MIT Sloan Management Review〉, 2021.

30) Ransbotham et al., 'Reshaping Business With Artificial Intelligence: Closing the Gap Between Ambition and Action', 〈MIT Sloan Management Review〉, 2017.

31) Richard Vidgen, Sarah Shaw, David B. Grant, 'Management challenges in creating value from business analytics', 〈European Journal of Operational Research〉, 2017.

32) Tom Davenport, 'Purple people: The heart of cognitive systems engineering', 〈Deloitte Insights〉, November 18th, 2015.

33) Nicolas Henke, Jordan Levine, Paul McInerney, 'Yon don't have to bea data scientist to fill this must-have analytical role', 〈Harvard Business Review〉, 2018.

34) Ben Kepes, 'Big Four accounting firms delve into artificial intelligence', 〈Computerworld〉, March 16th, 2016.

35) John Thornhill, 'Beware the known unknowns when finance meets AI', 〈Financial Times〉, September 29th, 2021.

36) Sarah Lebovitz, Hila Lifshitz-Assaf, Natalia Levina, 'To engage or Not to Engage with AI for Critical Judgments: How Professionals Deal with Opacity When Using AI for Medical Diagnosis', 〈Organization Science〉, 2022.

37) Philip Meissner, Christoph Keding, 'The Human Factor in AI-Based Decision Making', 〈MIT Sloan Management Review〉, 2021.

38) Yasmeen Alufaisan et al., 'Does Explainable Artificial Intelligence Improve Human Decision Making', 〈AAAI〉, 2021.

39) Yasmeen Alufaisan et al., 'Does Explainable Artificial Intelligence Improve Human Decision Making', 〈AAAI〉, 2021.

40) Philippe Besse, Celine Castets-Renard, Aurelien Garivier, Jean-Michel Loubes, 'Can everyday AI be ethical? Fairness of Machine Learning Algorithms', 2018.

41) Carl Benedikt Frey, Michael Osborne, 'The future of employment: How susceptible are jobs to computerisation?', 〈Oxford Martin School Working Paper〉, 2013.

42) Rafal Kocielnik et al., 'Will you accept an Imperfect AI? Exploring Designs for Adjusting End-User Expectations of AI Systems', 〈Proceedings of the 2019 CHI Conference〉, 2019.

43) David Ritter, 'When to Act on a Correlation, and When not to', 〈Harvard Business Review〉, 2014.

AI로 경영하라

국내 최고 디지털 전략 전문가가 제안하는 인공지능 활용법

초판1쇄 2022년 8월 16일

지은이 | 이준기

발행인 | 문태진
본부장 | 서금선
책임편집 | 백지윤   편집 1팀 | 한성수 송현경

기획편집팀 | 임은선 허문선 최지인 이준환 이보람 이은지 정희경   저작권팀 | 정선주
마케팅팀 | 김동준 이재성 문무현 김윤희 김혜민 김은지 이선호 조용환   디자인팀 | 김현철 손성규
경영지원팀 | 노강희 윤현성 정헌준 조샘 조희연 김기현 이하늘
강연팀 | 장진항 조은빛 강유정 신유리 김수연

펴낸곳 | ㈜인플루엔셜
출판신고 | 2012년 5월 18일 제300-2012-1043호
주소 | (06619) 서울특별시 서초구 서초대로 398 BnK디지털타워 11층
전화 | 02)720-1034(기획편집) 02)720-1024(마케팅) 02)720-1042(강연섭외)
팩스 | 02)720-1043   전자우편 | books@influential.co.kr
홈페이지 | www.influential.co.kr

ⓒ 이준기, 2022

ISBN   979-11-6834-052-7   (03320)